¡De viaje!

Manual para
ESCRIBIR Y APRENDER

Autores
Dave Kemper, Ruth Nathan, Patrick Sebranek

Ilustrador Chris Krenzke

2

Acknowledgements

We're grateful to many people who helped bring *¡De viaje!* to life. First, we must thank the writers, editors, and teachers who helped make *Write Away*, the original English version, a reality: **Linda Bradley, Laurie Cooper, Connie Erdman, Gale Hegeman, Michelle Kerkman, Dian Lynch, Amy Nathan, Candyce Norvell, Susan Ohanian, Laura Robb, Charles Temple, Dawn Wenzel-Helnore,** and **Sue Wind**.

Thanks also to the staff at Hampton-Brown that helped make the Spanish edition a reality.

Trademarks and trade names are shown in this book strictly for illustrative purposes and are the property of their respective owners. The authors' references herein should not be regarded as affecting their validity.

Great Source Education Group acknowledges The Hampton-Brown Company for its permission to use the following materials, which are copyright © 2000 by the Hampton-Brown Company. All rights reserved.

• Spanish Phonics, pp. 187–199
• Word Formation, pp. 200–205
• Spanish Proofreader's Guide, pp. 248–277

Use of other copyrighted material is acknowledged on the page on which it appears.

¡De viaje! is the Spanish version of *Write Away* © 1996 by Great Source Education Group, Inc.

The United States version of *Write Away* is published by Great Source Education Group, Inc., A Houghton Mifflin Company, Wilmington, Massachusetts, United States of America.

Printed in the United States of America

ISBN for the Houghton Mifflin Edition: 0-618-06954-2
ISBN for the Hampton-Brown Edition: 0-7362-0713-9
00 01 02 03 04 05 06 07 08 10 9 8 7 6 5 4 3 2 1

¡Ponte en marcha!

El manual *¡De viaje!* está dividido en cinco partes:

El método de escribir Esta parte te enseñará todo sobre la redacción.

Tipos de escritos Aquí aprenderás a escribir cartas, informes, cuentos y más.

Aprende a aprender Leer, estudiar palabras y escuchar son destrezas importantes. Esta parte trata de todas ellas.

La guía del corrector ¿Cuándo debes usar puntos, mayúsculas y acentos? Aquí encontrarás las respuestas.

El almanaque del estudiante Esta parte tiene datos sobre animales, mapas, tablas de matemáticas ¡y muchas otras cosas más!

4

Tabla de contenido

El método de escribir

Tipos de escritos

6

Aprende a aprender

La guía del corrector

El almanaque del estudiante

LIBROS

para crecer

Hay libros para crecer
y libros para aprender.

Libros fáciles de leer
y libros difíciles de entender.

Libros que estás feliz de encontrar
y que después no puedes dejar.

Libros que te enriquecen
¡y libros que te enfurecen!

Libros que quieres compartir
y libros sólo para ti.

Un libro sólo para ti

¡De viaje! es un libro "para crecer" y "para aprender". Te enseñará a escribir bien y muchas otras cosas. Ya verás que *¡De viaje!* es uno de esos libros que "no puedes dejar". Está lleno de lindos dibujos, tablas y ejemplos.

¡Tu propio ayudante!

Piensa en *¡ De viaje!* como si fuera tu mejor ayudante. Te va a ayudar a escribir y a aprender de la mejor manera posible. Este es un libro "¡sólo para ti!"

10

El método de escribir

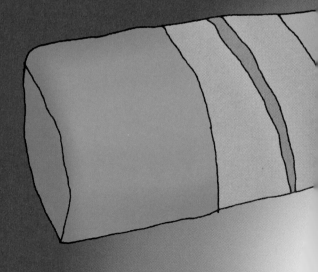

¿Cómo se empieza?

¿Sabes por qué están contentos estos niños? ¡Porque saben mucho sobre la escritura! ¿Y sabes qué? Te quieren dar algunas ideas. Vamos a ver qué dicen.

Lee, lee y lee

Marisa escribió un cuento cómico sobre su hermanita. Se le ocurrió la idea cuando leyó *Inés del revés* de Anita Jeram. Éste es el consejo de Marisa:

Escoge ideas que te gusten

Carlos acaba de traer a casa a Tobi, su nuevo gato. Le escribió una carta a su tía para contarle de Tobi. Éste es el consejo de Carlos:

Escribe sobre temas que de verdad te gustan. ¡Así te divertirás cuando escribas!

Querida tía:
Acabo de traer a casa a Tobi, mi nuevo gato.

16

Prueba con diferentes escritos

Susi siempre está probando algo nuevo. Escribe poemas, cuentos y notas. ¡Hasta escribió un libro de adivinanzas! Éste es su consejo:

Prueba con distintos tipos de escritos. Todos te enseñan algo nuevo.

Practica, practica y practica

A Roberto le encanta escribir. ¡Le gusta más que ver televisión! Esto es lo más importante que ha aprendido Roberto:

Para ser buen escritor, tienes que practicar. ¡Trata de escribir todos los días!

Hoy tuve un

Publica lo que escribes

Luis les muestra a sus amigos lo que escribe. Le gusta saber qué piensan ellos sobre sus cuentos. Luis también lee lo que escriben los demás. Éste es su consejo:

Deja que tus amigos lean tus cuentos y poemas. Lee los que escriben ellos. Así todos mejorarán como escritores.

¡Diviértete!

Tal vez apenas estás aprendiendo a escribir. ¿O ya escribes mucho? Sea como sea, lo único que tienes que hacer es seguir el consejo de María:

Escribe más y más, ¡y diviértete!

El método de escribir

El método de escribir tiene cinco pasos. Sigue estos pasos cuando escribas.

2 ESCRIBIR

Escribe sobre el tema.

No te preocupes por los errores.

1 HACER UN PLAN

Piensa en temas.

Elige el mejor.

Anota tus ideas sobre el tema.

3 REVISAR

Lee lo que has escrito.

Haz cambios para mejorarlo.

4 CORREGIR

Lee de nuevo y corrige...

* **la ortografía**
* **las mayúsculas**
* **la puntuación**

5 PUBLICAR

Haz una copia en limpio para mostrar a los demás. (Otras formas de publicar aparecen en las páginas 42–47.)

El método en acción

Beatriz escribió un cuento sobre su animal favorito. Vamos a ver cómo lo hizo, paso por paso.

1

HACER UN PLAN

Primero, Beatriz pensó en varios animales. Decidió escribir sobre su loro Paco. Luego, se preparó para escribir. Agrupó varias ideas sobre Paco, así:

2
ESCRIBIR

Después, Beatriz escribió sobre sus ideas. Puso las oraciones en el orden que le pareció mejor. Su primer borrador le quedó así:

Mi amigo emplumado

Me gusta jugar con mi loro paco. Le gusta cuando le razco. Se sienta en mi ombro y juega con mi pelo. Su comida favorita son las ubas. Yo se las tiro y él las agarra. Trato de enseñarle palabras, pero sólo sabe decir hola. En la noche cubrimos su jaula para que duerma.

3
REVISAR

Luego, Beatriz intentó mejorar lo que escribió. Ésta es una de las ideas que añadió:

Me gusta jugar con mi loro
las alas
paco. Le gusta cuando le razco.

4
CORREGIR

Beatriz corrigió la ortografía, las mayúsculas y la puntuación. Aquí vemos qué corrigió:

mayúscula

Me gusta jugar con mi loro
s   las alas
paco. Le gusta cuando le razco.

ortografía

5

PUBLICAR

Beatriz pasó el cuento en limpio para publicarlo.

Mi amigo emplumado

Me gusta jugar con mi loro Paco. Le gusta cuando le rasco las alas. Se sienta en mi hombro y juega con mi pelo. Su comida favorita son las uvas. Yo se las tiro una por una y él las agarra. Trato de enseñarle palabras, pero sólo sabe decir "hola". En la noche cubrimos su jaula con una manta para que duerma.

Luego, Beatriz podría ilustrar su cuento.

26

El plan
y
el borrador

Un cuaderno de ideas

Un **cuaderno de ideas** es como un gran cofre de piratas. Pero el tesoro guardado no es oro ni joyas, sino ideas para escribir. ¿De dónde puedes sacar las ideas? ¡De todos lados! Puedes escribir sobre tu familia, tus amigos, el recreo, las excursiones con tu clase o los lugares que más te gustan.

Ejemplos de cuaderno

Aquí tienes un par de ejemplos de lo que puedes escribir en tu cuaderno:

Del cuaderno de Juan

11 de diciembre

¡Aprendí a echarme un clavado!
doblo las rodillas
subo los brazos
¡y al agua!

¡qué frío!

Del cuaderno de Carla

3 de diciembre

Mi prima Nela está enferma. ¡Estoy triste!

Nela

Juan usó sus ideas para escribirle una carta a su abuelo. Carla usó sus ideas para escribir un cuento.

¡Usa tu cuaderno!

Las ideas de tu cuaderno te ayudarán al escribir. Sigue estos consejos:

LEE tu cuaderno a menudo para hallar ideas.

ELIGE una idea que te guste.

HABLA con un compañero sobre tu idea.

PREGÚNTALE si entiende todo y si te puede decir algo más sobre el tema.

ANÓTALO todo.

ESCOGE el tipo de escrito que harás. Prueba con una carta, un poema, un cuento o algún otro tipo.

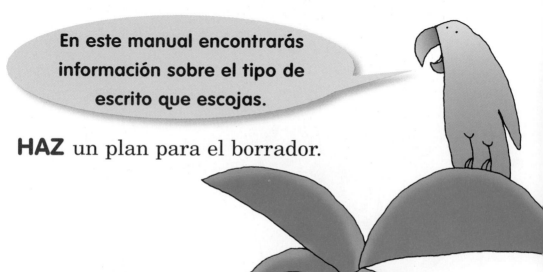

En este manual encontrarás información sobre el tipo de escrito que escojas.

HAZ un plan para el borrador.

El plan

Si haces un plan, los cuentos y los informes te saldrán mejor. Un plan tiene tres pasos:

1. Piensa en temas para escribir.

2. Elige el mejor tema.

3. Reúne ideas sobre el tema.

Reúne ideas

Antes de escribir, debes reunir ideas. En la próxima página encontrarás varias maneras de hacerlo.

Busca, habla y piensa

Hay tres maneras de reunir ideas.

BUSCA información en libros, revistas y CDs.

HABLA con otras personas sobre el tema.

PIENSA en el tema. Las siguientes actividades te pueden ayudar a pensar mejor.

Haz una lista ● Escribe tus ideas sobre el tema.

Agrupa ideas ● Escribe tu tema en el centro de una hoja de papel y pon tus ideas alrededor. (Mira el ejemplo de la página 234.)

Dibuja ● Planea tu escritura haciendo dibujos sobre el tema.

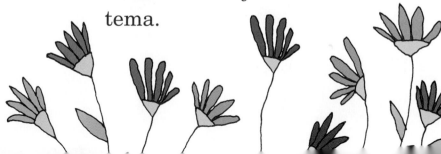

El borrador

Ya escogiste un tema y reuniste ideas.
¿Y ahora? Ahora debes formar oraciones
con las ideas. ¡Es hora de escribir el
borrador!

Pon las cosas en orden

Ordena tus oraciones lo mejor que
puedas. Pero no te preocupes mucho por
los errores, porque podrás hacer cambios
después.

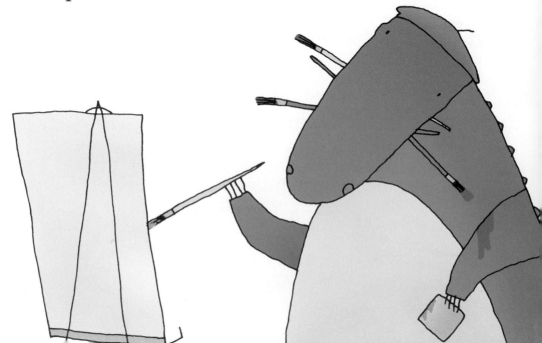

IDEAS para el borrador

ESCOGE un comienzo. Aquí tienes tres maneras de comenzar:

Comienza con un hecho:

Normalmente los perros son peludos.

Comienza con una cita:

"¡Mi perro es muy raro!"

Comienza con una pregunta:

¿Ha visto alguien un perro como el mío?

ESCRIBE el resto del borrador. Sigue escribiendo hasta que todas tus ideas estén en el papel.

DEJA un renglón en blanco debajo de cada renglón que escribes. Así tendrás espacio para hacer cambios y añadir palabras.

34

Revisar y corregir

Revisa tus escritos

Miguel vive en El Paso, Texas y escribe muchos cuentos. Ésta es una de las cosas más importantes que ha aprendido:

> Mi trabajo es *mejor cuando* cambio las partes que no me gustan.

Haz cambios

Hacer cambios es una parte muy importante del método de escribir. **Revisar** quiere decir "leer con atención para ver si es necesario hacer cambios". ¡Aprende a revisar en las siguentes páginas!

IDEAS **para revisar**

Sigue estos consejos para revisar tu escrito:

LEE tu borrador.

BUSCA las partes que debes mejorar.

PIDE a tu maestro o a otra persona que lea tu borrador.

PREGÚNTALE qué partes le gustaron más. También pregúntale si tiene alguna pregunta.

HAZ cambios en lo que escribiste.

✔ Tacha las partes que no tengan mucho que ver con el tema.

✔ Cambia las palabras que no suenen bien.

✔ Añade palabras. (Tal vez debes contar más detalles sobre algunas ideas.)

Revisa las tres partes principales

Todo lo que escribas debe tener un buen comienzo, desarrollo y final.

Comienzo

El comienzo debe presentar el tema de una manera interesante.

Sorprendí a mi tío y a mi papá cuando fuimos a pescar.

Desarrollo

El desarrollo debe dar detalles sobre el tema.

Ellos siempre van al lago San Antonio. Creen que son los mejores pescadores del lago. Pero yo pesqué tres peces, ¡y ellos no pescaron ninguno!

Final

El final debe decir algo importante sobre el tema.

Al día siguente, ¡dijeron que yo era el mejor pescador del mundo!

Reúnete con otros escritores

Las **reuniones** con tu maestro o con tus compañeros te ayudan a mejorar lo que has escrito. Aquí tienes tres buenas razones para hacer una reunión:

Para hacer el plan ● Te ayuda a elegir un tema para tu escrito.

Para revisar ● Te ayuda a mejorar tu borrador.

Para corregir ● Te ayuda a buscar errores en tu escrito.

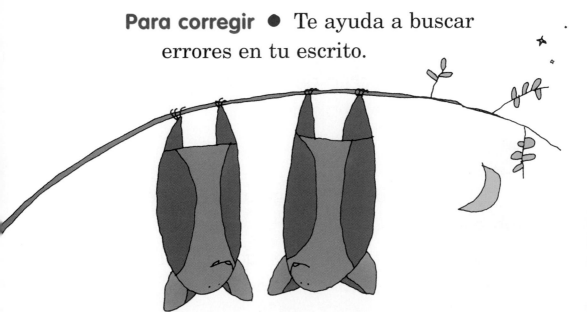

Reglas para las reuniones

Así funcionan las reuniones:

¿Qué hacen tus compañeros?

1. Te dicen qué partes de tu escrito les gustan.

2. Te pueden hacer preguntas sobre las demás partes:

   ¿Me puedes hablar un poco más sobre esta idea?

   ¿Te suena bien esta parte?

¿Qué debes hacer tú?

1. Escucha bien lo que dicen tus compañeros.

2. Contesta las preguntas que hacen.

3. Trata de mejorar tu borrador.

Corrige tu trabajo

¿Cómo sabes si tu escrito está listo para publicar? Estará listo después de que busques errores, los arregles y hagas una copia en limpio. Buscar errores y arreglarlos es **corregir** tu escrito.

¡Trabaja con cuidado!

Es difícil encontrar todos los errores. Por eso, debes tener mucho cuidado. Los consejos y la lista de control de la página siguiente te ayudarán a corregir tu trabajo.

IDEAS para corregir

LEE tu trabajo en voz alta. Escucha con cuidado para ver si oyes algún error.

TOCA cada palabra con el lápiz para asegurarte de que todas estén bien escritas.

BUSCA a alguien que te ayude. Pide a tu maestro o a otra persona que te ayude corregir tu trabajo.

Lista de control: corregir

✔ ¿Pusiste mayúsculas al principio de cada oración y en los nombres propios?

✔ ¿Pusiste un punto al final de cada oración? Si usaste signos de interrogación o de exclamación, ¿pusiste el signo al principio y al final de la oración?

✔ ¿Hay faltas de ortografía?

Publica lo que has escrito

Publicar tu escrito es presentarlo ante un público. Por ejemplo, puedes leerles tus cuentos a tus compañeros de clase. O puedes pegar tu trabajo en un tablero de anuncios de la clase.

Presenta tu obra

Este capítulo te enseña muchas formas de publicar tus escritos. También te explica cómo añadirles dibujos y cómo hacer un libro.

Mi hissstoria

por Sara Serpiente

Ideas para publicar tu escrito

HAZ un libro con dibujos.

REÚNE cuentos o poemas de la clase
para hacer un libro.

REPRESENTA tu cuento u obra de teatro.

ARMA un teatro de títeres.

DISEÑA una tarjeta de felicitación
con tu propio poema.

CREA un periódico de la clase.

LEE tu escrito a un grupo
de padres y maestros.

ENVÍA uno de tus mejores cuentos
o poemas a una revista o un
periódico. (Pide a tu maestro
que te ayude.)

Añade dibujos

¿No crees que sea divertido ponerle dibujos a tus escritos? Puedes dibujar antes de escribir, después de escribir o mientras escribes.

Un solo dibujo

A veces, un solo dibujo es suficiente. Laura escribió un poema sobre el quetzal, que es un tipo de pájaro.

El quetzal

Un quetzal soy
y contento estoy.
Las plumas de mi cola
miden tres pies.
Muchas frutas distintas
me gusta comer.
Vuelo en el aire
y canto una canción.
¡Pero estoy en peligro
de extinción!

Un libro ilustrado

También puedes hacer un libro con dibujos. Lorenzo hizo un libro ilustrado para el cuento que escribió sobre sus aventuras. En cada página puso una o dos oraciones y un dibujo. Ésta es una de las páginas:

Sorprendí a mi tío y a mi papá cuando fuimos a pescar.

Encuaderna tu libro

Puedes crear libros de distintas formas y tamaños.

Pasos que debes seguir

- Haz las cubiertas de adelante y de atrás.
- Diseña la portada con el título y tu nombre.
- Organiza las páginas entre las cubiertas.
- Sujeta el libro con hilo, anillos o grapas.

La cubierta y la portada

Ésta es
una
cubierta

Ésta es
una
portada

48

Oraciones y párrafos

Las oraciones

Una **oración** es un grupo de palabras que hablan sobre una idea. La oración tiene una parte que nombra y otra que cuenta.

La parte que nombra	La parte que cuenta
La tía Susana	duerme.
Los niños	juegan pelota.

PEDRO   PABLO

Las partes de una oración

Sujeto

El **sujeto** es la parte que nombra.
El sujeto nos dice de quién o de qué habla
la oración.

Mi abuelito canta en la ducha.

Predicado

El **predicado** es la parte que cuenta.
El predicado nos dice qué hace el sujeto.

Mi abuelito canta en la ducha.

Verbo

El verbo es la parte más importante del
predicado. Sin el verbo, la oración no tiene
sentido.

Mi abuelito canta en la ducha.

El sujeto y el verbo

La forma del verbo cambia según el sujeto de la oración.

Ángela quiere leche.

Yo quiero leche.

Los niños quieren leche.

El verbo tiene que **concordar** con el sujeto. Es decir, tiene que estar en la forma correcta para el sujeto.

Un problema muy común

Trata de no usar las palabras "y luego" muchas veces para juntar tus ideas.

En vez de:

José almorzó muy rápido y luego se levantó y luego se fue a jugar.

Es mejor escribir:

José almorzó muy rápido. Luego, se levantó y se fue a jugar.

Oraciones más largas

¿Sabes escribir oraciones largas? Para hacerlo, combinas dos o tres oraciones cortas.

Dos oraciones:

Los osos polares nadan muy rápido.
Los osos polares saben pescar.

Una oración más larga:

Los osos polares nadan muy rápido y saben pescar.

La página siguiente te muestra cómo combinar oraciones.

Combina sujetos

Dos oraciones:

Los delfines viven en el agua.
Las ballenas viven en el agua.

Una oración más larga con dos sujetos:

Los <u>delfines</u> y las <u>ballenas</u> viven en el agua.

Combina verbos

Tres oraciones:

Los pingüinos nadan en el agua.
Los pingüinos comen en el agua.
Los pingüinos juegan en el agua.

Una oración más larga con tres verbos:

Los pingüinos <u>nadan</u>, <u>comen</u> y <u>juegan</u> en el agua.

También puedes combinar otras palabras:

Las morsas son <u>grandes</u>, <u>gordas</u> y <u>dormilonas</u>.

Los párrafos

Escribir es muy divertido, pero ¿para qué sirve? ¡Para muchas cosas! Sirve para describir un tema, para dar información, para contar un cuento o para explicar algo.

¡Describe, cuenta y explica!

Puedes hacer todas estas cosas en un párrafo. En este capítulo aprenderás a escribir un párrafo descriptivo, y muchas otras cosas.

Mmmmm... ¡Qué ricos son los tamales!

¿Qué es un párrafo?

Un **párrafo** es un conjunto de tres o más oraciones sobre un tema. Cada párrafo tiene un comienzo, un desarrollo y un final.

Comienzo

El párrafo debe comenzar con una **oración que presenta el tema**. (Siempre debes dejar un espacio, llamado **sangría**, delante de la primera palabra.)

Desarrollo

Las oraciones del **desarrollo** explican el tema.

Final

La **oración final** cierra el párrafo y ofrece una idea interesante sobre el tema.

Lee muchos párrafos para que veas cómo escribir los tuyos. Empieza con el modelo de la página siguiente.

MODELO de un estudiante

En este modelo, Gilberto describe su comida favorita.

Mi comida favorita

Oración que presenta el tema

Los tamales de pollo son mi comida favorita. Huelen a maíz y a salsa picante. Cuando partes

Desarrollo

uno, puedes ver el pollo adentro. Hay tamales de salsa verde y también de salsa roja. Me gustan

Oración final

tanto que podría comerme uno todos los días.

Escribe un párrafo descriptivo

1

HACER UN PLAN

Elige un tema

Escoge una persona, un lugar o una cosa para describir.

Reúne ideas

Haz una lista de ideas sobre el tema. ¿Cómo es? ¿Qué sonidos hace? ¿A qué huele?

2

ESCRIBIR

Escribe las tres partes del párrafo

Presenta tu tema en la primera oración. Describe el tema en las oraciones del desarrollo. Termina con una idea interesante.

3

REVISAR

Revisa tu borrador

* ¿Describen el tema todas tus oraciones?
* ¿Están en el mejor orden posible?

4

CORREGIR

Corrige tu trabajo

Busca errores en el uso de las mayúsculas, la puntuación y la ortografía. Luego, haz una copia en limpio.

Acuérdate de dejar sangría delante de la primera palabra del párrafo.

¡Más modelos!

Párrafo informativo

En este párrafo, Luis escribe información importante sobre las plantas y sus raíces.

Las raíces
de las plantas

Oración que presenta el tema Las raíces de las plantas trabajan bajo la tierra. Se extienden para buscar agua. También

Desarrollo absorben minerales para alimentar a la planta. Cuando llueve fuerte, las raíces sujetan la planta al suelo. Las plantas no

Oración final pueden vivir sin sus raíces.

Párrafo narrativo

En este párrafo, Juana nos cuenta sobre su visita a un parque.

En el parque

Oración que presenta el tema

Mi papá y yo fuimos al parque Buena Vista. Caminamos hasta la cumbre de un gran cerro, ¡sobre las nubes! Luego,

Desarrollo

exploramos una cueva. Estaba muy oscuro adentro. Después, vimos un zorro muy bonito. Nos

Oración final

divertimos mucho y vamos a regresar pronto.

Párrafo explicativo

En este párrafo, Delia explica por qué quiere tanto a su tía.

Mi tía favorita

Oración que presenta el tema

Mi tía Julia me hace sentir muy querida. Me lleva de paseo a parques y museos. También leemos libros juntas, ¡y ella los hace parecer muy chistosos! Me habla sobre la escuela y hasta me ayuda con mis deberes. ¡Mi tía Julia es la mejor tía del mundo!

Desarrollo

Oración final

Tipos
de escritos

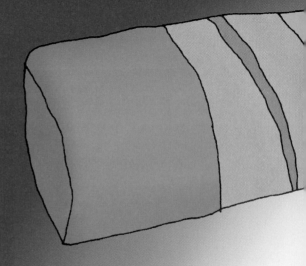

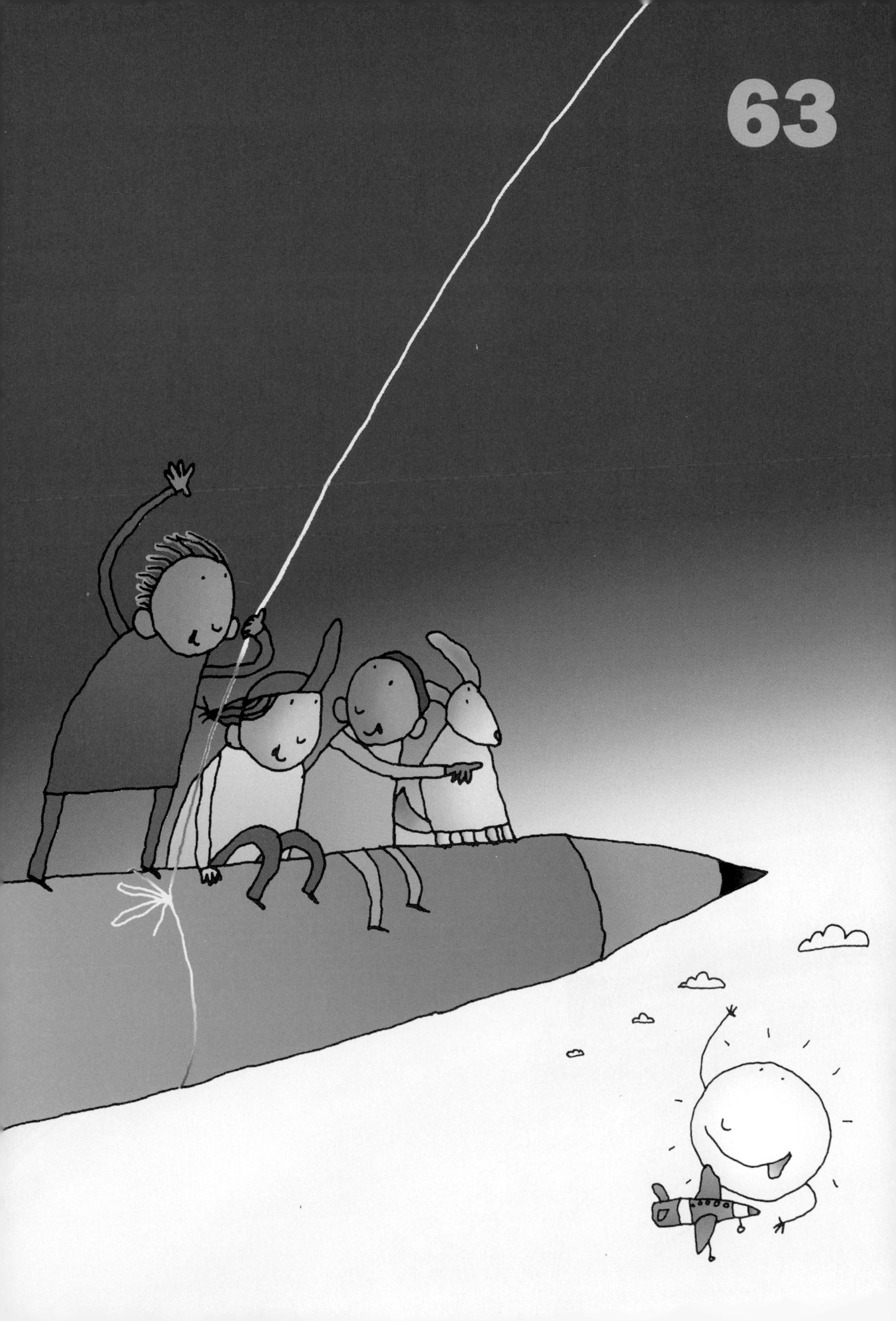

64

Escritos
personales

Diarios

En un **diario** puedes escribir cómo te sientes y qué piensas. ¡Es un lugar especial donde sólo tú escribes!

Un regalo cada día

Juan Carlos dice: "Escribir en tu diario es como hacerte un regalo a ti mismo todos los días". Por eso, Juan Carlos quiere ayudarte a empezar tu propio diario. ¡Sigue las instrucciones!

IDEAS **para el diario**

ESCRIBE en tu diario todos los días.

BUSCA ideas en todo lo que ves y escuchas.

NO TE PREOCUPES mucho por la ortografía, pero trata de escribir claramente.

AÑADE dibujos. Dibujar te ayudará a pensar mejor.

LEE tu diario con frecuencia. Te dará buenas ideas para cuando escribas otras cosas.

Ideas para el diario

Juan Carlos escribe sobre cosas que pasan.

6 de septiembre
    Hoy presentamos nuestro poema. A todos les gustó cómo saltamos cuando dijimos el último verso: "¡Quiero ser grande!".
Se sorprendieron mucho.

Juan Carlos escribe sobre lo que aprende.

30 de enero
    En la escuela estamos aprendiendo algunos buenos hábitos, como:
- comer comida sana
- jugar mucho
- descansar

    Otro consejo es ser cortés con los demás niños.

También escribe sobre lo que lee.

8 de marzo
    Quiero escribir un libro como El béisbol nos salvó. Lo voy a leer de nuevo. Los personajes parecen niños de verdad. ¡Quiero que mis personajes también parezcan niños de verdad!

Notas amistosas

Puedes escribirles notas a muchas personas: a tus amigos, a tu mamá, a tu papá y ¡hasta a tu maestro! A todos nos gusta recibir notas amistosas. Es una manera de saber que alguien está pensando en ti.

¡Escribir una nota es muy fácil!

Para empezar, escríbele una nota a un amigo. Ponla en un lugar donde tu amigo la encuentre. ¡Seguro que pronto recibirás una respuesta!

Ideas para notas

Cuenta algo que sabes.

Querida Marta:

El oso hormiguero come 30,000 hormigas por día. Necesitamos uno para nuestra casa.

Ja ja,
Lupe

Manda saludos.

Querido José Luis:

Siento mucho que te hayas roto la pierna. Te extrañamos. Espero que regreses pronto.

Tu amigo,
Miguel

Da las gracias por algo.

Querido tío Jorge:

Gracias por la calculadora. ¡Siempre advinas lo que necesito! Ahora puedo revisar mis tareas de matemáticas.

Te quiero,
Lucía

Manda un mensaje.

Querida mamá:

Mi mamá es muy bonita.
Me cuida si estoy malita.
¡Y me hace sentir
muy bien!

Te quiero,
Gloria

¿Sabes lo que le dijo la mamá loba al lobito?
¡Luego te cuento!

Notas divertidas

Aquí tienes dos maneras de escribir notas divertidas.

Recorta una figura y escribe ahí tu nota.

Alex:
Nos vemos en el parque después de clase.
Manuel

Añádele un dibujo a tu nota.

Linda:
Mi mamá dice que puedes quedarte a dormir el viernes. Dice que va a cocinar arroz con pollo. Pídele permiso a tu mamá.

Tere

Cartas amistosas

Las **cartas amistosas** se parecen a las notas amistosas, ¡pero las cartas viajan largas distancias! Las pueden recibir tus amigos y parientes que viven lejos.

¡Sonríe por correo!

Escríbele una carta a alguien y regálale una sonrisa. ¡Eso hizo René! Lee su carta en la página siguiente. Luego, te ayudaremos a escribir tu propia carta.

MODELO de un estudiante

Las cartas amistosas tienen cinco partes. Fíjate en esta carta.

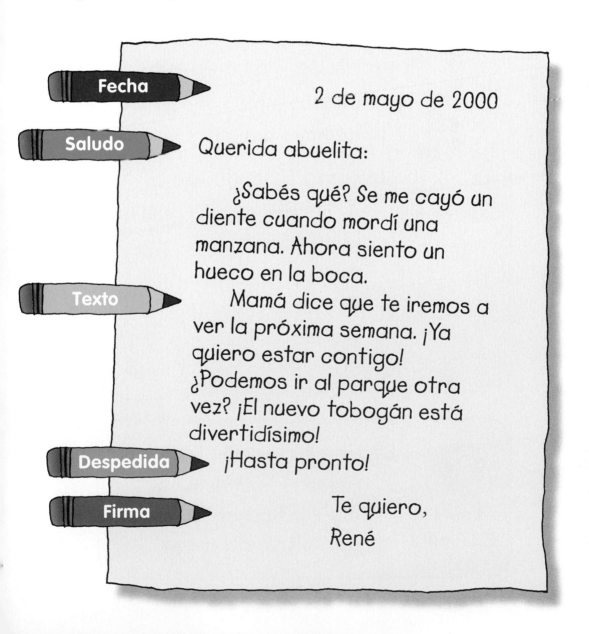

Fecha

2 de mayo de 2000

Saludo

Querida abuelita:

Texto

¿Sabés qué? Se me cayó un diente cuando mordí una manzana. Ahora siento un hueco en la boca.

Mamá dice que te iremos a ver la próxima semana. ¡Ya quiero estar contigo! ¿Podemos ir al parque otra vez? ¡El nuevo tobogán está divertidísimo!

Despedida

¡Hasta pronto!

Firma

Te quiero,
René

Escribe una carta amistosa

1

HACER UN PLAN

Elige a alguien para escribirle. Por ejemplo:

✳ un pariente
✳ un buen amigo

Haz una lista de ideas

Anota dos o tres cosas que le quieras decir.

Se me cayó un diente.
Te iremos a visitar.
¿Podemos ir al parque?

2

ESCRIBIR

Escribe tus ideas

Sigue el modelo de la página 73. Recuerda que una carta tiene cinco partes.

3

REVISAR

Revisa tu borrador

* ¿Dijiste todo lo que debías decir?
* ¿Tiene cinco partes tu carta?

4

CORREGIR

Corrige tu trabajo

✔ Revisa para ver si usaste bien las mayúsculas.
✔ Busca errores de puntuación y ortografía.
✔ Pasa tu carta en limpio.

En las páginas 100–101 aprenderás a enviar una carta.

Narraciones personales

Las **narraciones personales** cuentan cosas que te han pasado. Pueden ser chistosas o sorprendentes, largas o cortas. Pueden tratar de cosas que te acaban de pasar o de cosas que te pasaron hace mucho tiempo.

¿Cómo se empieza?

Lee la narración personal de la página siguiente. Luego, te enseñaremos a escribir tu propia narración personal.

MODELO de un estudiante

Mi primer viaje sola

El verano pasado viajé sola en tren. Fui a San Diego a visitar a mis tíos. Tenía miedo, pero el boletero le dijo a mi mamá que me iba a cuidar. Pasé por muchos pueblos y vi el mar.

El boletero me preguntó si tenía hambre. Le dije que sí, pero que llevaba comida que mi mamá me había preparado. Me llevó al comedor del tren para que comiera ahí y tuve una mesa para mí sola. Fue muy divertido.

Laura

Escribe una narración personal

1
HACER UN PLAN

Haz una lista de ideas

Escribe dos o tres cosas que te han pasado.

Metí el último gol en el partido de fútbol.

Viajé sola en tren.

Perdí a mi gato.

Elige una idea

Escoge la idea que más te guste de tu lista.

Habla sobre tu idea

Cuéntale tu historia a un amigo.

2
ESCRIBIR

Empieza con algo emocionante

Ésta es la primera oración que escribió Laura:

"El verano pasado viajé sola en tren."

Escribe el resto del cuento

Cuenta todo lo demás.

3
REVISAR

Lee tu borrador

¿Olvidaste algo?

Haz cambios

Añade lo que falte.

4
CORREGIR

Corrige tu trabajo

Busca errores en el uso de las mayúsculas, la puntuación y la ortografía. Haz una copia en limpio.

Escritos sobre un tema

Reseñas de libros

Leer un buen libro es divertido. También es divertido escribir tu opinión sobre ese libro. Hacer la reseña de un libro es escribir lo que piensas sobre ese libro.

¿Cómo se empieza?

Este capítulo te ayudará a escribir la reseña de un libro. Encontrarás dos modelos y los pasos que debes seguir para escribir tu propia reseña.

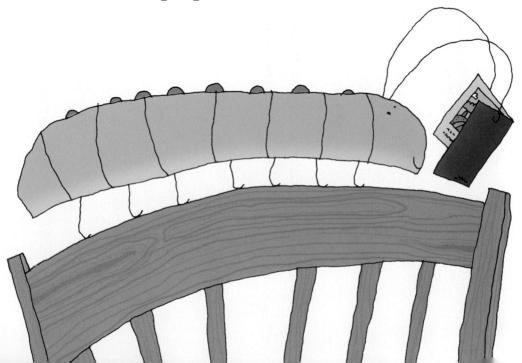

MODELO: Reseña de un libro

Ésta es la reseña que Flor escribió de un libro que narra un cuento. Cada párrafo responde a una de estas preguntas:

1. ¿De qué trata el libro?

2. ¿Por qué me gusta?

El rey mocho

El rey mocho es un libro escrito por Carmen Berenguer y Verónica Uribe. Es la historia de un rey al cual le faltaba una oreja y no quería que nadie en el pueblo lo supiera. El único que lo sabía era su barbero. Un día, el secreto se sabe y el rey tiene que tomar una decisión.

Me gustaron mucho las bonitas ilustraciones del libro, y el cuento me hizo pensar en lo importante que es no tener miedo que se burlen de nosotros.

MODELO: Reseña de un libro

Marcos escribió esta reseña de un libro de no-ficción. Cada párrafo responde a una de estas preguntas:

1. ¿De qué trata el libro?

2. ¿Por qué me gusta?

Un grillo en mi cocina

Un grillo en mi cocina es un libro escrito por Margarita Robleda Moguel. Nos cuenta que un niño pequeno oye un ruido en la cocina de su casa y se pregunta qué será. Cuando descubre que es un grillo, trata de imaginarse qué puede darle de comer.

Este libro me hizo recordar que muchas veces oigo ruidos en mi casa y me gusta averiguar de dónde vienen. ¡Muchas veces me llevo una buena sorpresa!

Escribe una reseña

1
HACER UN PLAN

Elige un libro

Escoge un libro que te guste mucho.

Piensa en el libro

¿Qué pasa en el libro? ¿Cuál es la mejor parte? (Puedes hacer un dibujo.)

2
ESCRIBIR

Contesta las dos preguntas principales

* ¿De qué trata el libro?
* ¿Por qué me gusta?

3

REVISAR

Revisa tu borrador

✳ ¿Contestaste las dos preguntas?

✳ ¿Hablaste de las ideas más importantes en tus respuestas?

4

CORREGIR

Corrige tu trabajo

Busca errores en el uso de las mayúsculas, la puntuación y la ortografía. Luego, haz una copia en limpio.

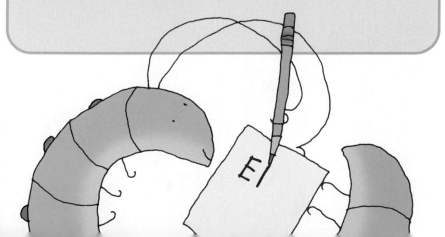

Libros de números

¡Contar con rimas es muy divertido!

Uno, dos,
tres y cuatro.
¿Cuántas patas
tiene el gato?

¡Y también es muy divertido hacer libros de números!

¡Números y mucho más!

Los **libros de números** tienen números... ¡Claro! Pero también tienen palabras y dibujos.

Uno, dos, tres, qué
Uno, dos, tres, bo-
Uno, dos, tres, ni-
Uno, dos, tres, to-
¡Qué bonito!

MODELO de un estudiante

Ésta es la primera página de un libro de números que hizo Ana María. (Ella cuenta de 2 en 2.) Ana María tituló su libro *El circo de las cifras.*

Ésta es la segunda página del libro de números de Ana María.

4 payasos pícaros

Ana María escogió palabras que empiezan con el mismo sonido (payasos pícaros). Así, su libro es más divertido.

Haz un libro de números

1 HACER UN PLAN

Decide cómo vas a contar

* 1, 2, 3, 4,...

* 2, 4, 6, 8,...

* 5, 10, 15, 20,...

Elige un tema

¿Sobre qué vas a escribir y dibujar?

Ana María escogió el circo.

Haz un plan para tu libro

¿Qué ideas vas a poner en cada página?

Ana María nombró a varios artistas del circo.

2 ESCRIBIR

Expresa tus ideas

* ✳ Usa palabras poco comunes:
  2 acróbatas asombrosos
* ✳ O escribe oraciones:
  Dos acróbatas volaron.

Haz los dibujos

3 REVISAR

Revisa tu libro

* ✳ ¿Siguen los números
  el patrón que elegiste?
* ✳ ¿Pusiste las mejores
  palabras y dibujos?

4 CORREGIR

Corrige tu trabajo

Busca errores de ortografía. Luego, haz una copia en limpio de tu libro.

¡Números y rimas!

Enrique se divirtió escribiendo con números y rimas. Mira cómo lo hizo.

El primer paso ● Hizo dos listas.

Números	Palabras que riman
uno	alguno, sumo, ninguno
dos	los, tos, veloz, voz
tres	mes, pez, res, vez

El segundo paso ● Luego, escribió dos oraciones para cada número.

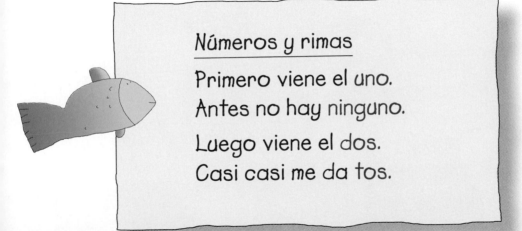

Números y rimas

Primero viene el uno.
Antes no hay ninguno.

Luego viene el dos.
Casi casi me da tos.

Artículos noticiosos

Los niños del salón 20 querían compartir sus escritos con el resto de la escuela. Por eso, crearon un periódico llamado *El Registro* que tiene muchos artículos sobre la vida en la escuela.

¡Veamos qué dice!

Lee el artículo que aparece en la página siguiente. Después puedes escribir tu propio artículo.

MODELO: Artículo noticioso

EL REGISTRO

¡Nuevo menú para el almuerzo! ❶

de Nuria Vázquez ❷

❸ ❹ Ahora tenemos dos opciones para el almuerzo.

Los cocineros toman nota de qué comidas gustan más. Por ahora, los burritos están en primer lugar. Los tacos se hallan en segundo lugar y las hamburguesas en tercero.

La Sra. López, directora del comedor, ❺ dice: "Queremos que los niños se coman toda su comida y que les guste".

Las partes de un artículo noticioso

❶ El **titular** presenta el artículo.

❷ La línea del **autor** dice quién escribió el artículo.

❸ La **introducción** da la idea más importante.

❹ El **desarrollo** nos dice más sobre el tema.

❺ El **final** nos da una idea fácil de recordar.

Escribe un artículo noticioso

1
HACER UN PLAN

Haz una lista ideas

Nombra dos o tres cosas importantes:
- el concurso de baile
- el nuevo menú

Elige una idea

Escoge la idea que más te interese.

Busca información

Busca información para tu artículo:

* Habla de tu idea con otras personas.
* Lee sobre el tema.
* Observa qué ocurre con eso.

PERIO-DISTA

2 ESCRIBIR

Escribe el artículo

* Presenta la idea más importante en la primera oración.

* Escribe más datos en el desarrollo.

* Termina con una idea interesante.

3 REVISAR

Revisa tu borrador

¿Escribiste toda la información?

4 CORREGIR

Corrige tu trabajo

Revisa la ortografía, la puntuación y el uso de las mayúsculas. Haz una copia en limpio.

Cartas formales

Las personas mayores escriben cartas formales todos los días. A veces las escriben para pedir información y productos. Otras veces les sirven para resolver problemas.

Por correo

Tú también puedes aprender a escribir cartas formales. Te servirán para pedir información y para hacer otras cosas interesantes. En este capítulo te mostraremos cómo escribir una carta formal.

Gerente
ZOOLÓGICO
3 Calle Elefante
Teja, TX 78272

US MAIL

IDEAS **para cartas formales**

PIENSA para qué estás escribiendo.

- ¿Buscas información para la escuela?
- ¿Quieres inscribirte en un club?
- ¿Quieres pedir algún producto?

AVERIGUA a quién le debes escribir.

EXPRESA tus ideas claramente.

SÉ cortés y agradecido. Casi siempre les escribirás a personas mayores.

SIGUE el formato para hacer una carta formal y el modelo para poner la dirección. (Mira las páginas 98–100.)

ESCRIBE con letra clara. (Si puedes, escribe la carta en una computadora.)

CORRIGE los errores antes de mandar la carta.

Las partes de una carta formal

1 **Encabezamiento:** Pon tu dirección y la fecha.

2 **Nombre y dirección:** Escribe el nombre y la dirección de la persona o la compañía a la que le escribes.

3 **Saludo:** Usa un título, o **Sra.** o **Srta.** para las mujeres y **Sr.** para los hombres.

Estimado agente Pérez:

Estimada Sra. Bravo:

4 **Texto:** Explica lo que quieres.

5 **Despedida:** Escribe **Atentamente** y luego una coma (,).

6 **Firma:** Escribe tu nombre debajo de la despedida.

MODELO: Carta formal

1 609 Chicago Street
Baytown, NY 10303
30 de marzo de 1999

2 Agente Mario Pérez
Departamento de Policía
100 Main Street
Baytown, NY 10303

3 Estimado agente Pérez:

4 Mi nombre es Luis Ortiz y estoy en segundo grado. La próxima semana vamos a estudiar las reglas de seguridad para andar en bicicleta.

Usted sabe mucho sobre cómo protegernos cuando montamos en bicicleta. ¿Podría, por favor, mandarme información? Es mi tarea para la clase.

Muchas gracias.

5 Atentamente,

6 *Luis Ortiz*

Envía tu carta

Pon la dirección en el sobre

- Escribe la dirección con letra mayúscula y sin signos de puntuación.

- Usa las abreviaturas postales de los estados. (Si no las sabes, consulta la página 267.)

- Pon tu dirección en la esquina superior izquierda. Pon el sello en la esquina superior derecha.

```
LUIS ORTIZ
609 CHICAGO ST
BAYTOWN NY 10303
```

```
AGENTE MARIO PÉREZ
DEPARTAMENTO DE POLICÍA
100 MAIN ST
BAYTOWN NY 10303
```

Dobla la carta

- Dobla la carta en tres partes iguales.
- Pon tu carta en el sobre. Cierra el sobre.
- Asegúrate de que la dirección esté correcta y de que el sobre tenga sello.
- ¡Manda tu carta!

en
emana
as de
en bicicleta.

Usted sabe mucho sobre cómo protegernos cuando montamos en bicicleta. ¿Podría, por favor, mandarme información? Es mi tarea para la clase.

Muchas gracias.

Atentamente,

Luis Ortiz

Instrucciones

Todos somos buenos en algo. Tal vez tú juegas muy bien al fútbol. O tal vez haces la mejor ensalada de frutas de tu barrio. ¡Qué rico!

Paso a paso

En este capítulo aprenderás a escribir **instrucciones**. Así podrás explicar cómo hacer algo que te guste. También podrás explicar cómo se llega a algún lugar.

Dos tipos de instrucciones

Cómo hacer una ensalada de frutas

Hacer una ensalada de frutas es muy fácil. Primero, corta en trozos varias frutas, como plátano, melón y mango. Pon los trozos en un tazón. Luego, echa jugo de limón encima de la fruta. Guarda la ensalada en el refrigerador por una hora. Cuando esté bien fría, ¡disfrútala!

Cómo llegar a mi fiesta de cumpleaños

1. Sal de la escuela y camina hacia la izquierda.
2. Gira a la derecha en la primera calle.
3. Llega al primer semáforo y dobla a la izquierda. Esa calle es Paseo del Bosque.
4. Busca la casa número 24. ¡Te espero!

Escribe
instrucciones

1 HACER UN PLAN

Elige un tema

Escoge algo que te guste hacer. (O escoge un lugar adonde quieras ir.)

Piensa en el tema

* ¿Qué vas a decir en las instrucciones?
* ¿Qué pasos hay que seguir?

2 ESCRIBIR

Escribe las instrucciones

* Usa palabras de orden, como *primero* y *luego*, para que tus instrucciones sean claras.
* También puedes usar números antes de describir cada paso.

3 REVISAR

Revisa tus instrucciones

* ¿Escribiste todos los pasos?
* ¿Están en el orden correcto?

4 CORREGIR

Corrige tu trabajo

Busca errores en el uso de las mayúsculas, la ortografía y la puntuación. Luego, haz una copia en limpio.

Si quieres, acompaña tus instrucciones con dibujos.

Carteles

Los **carteles** son notas GRANDES. Algunos carteles anuncian cosas que van a pasar. Dicen dónde y cuándo van a ser. Otros dan mensajes sobre temas importantes.

¡Haz tu cartel!

Observa los carteles de las dos páginas siguientes. Luego, lee las instrucciones para hacer tu propio cartel.

MODELO: Cartel de anuncio

MODELO: Cartel con mensaje

IDEAS para los carteles

Un buen cartel lleva un bonito dibujo y algunas palabras. Sigue estos consejos para hacer tus carteles:

BUSCA toda la información que necesites.

PIENSA en la idea principal que quieres poner en el dibujo.

HAZ un modelo de tu cartel en una hoja pequeña.

- Usa todo el espacio.
- Pon el título en letras grandes.

ENSÉÑALE tu trabajo a un compañero. Quizás pueda darte alguna idea.

COPIA el modelo en una hoja grande.

REVISA la ortografía y la información.

COLOREA tu cartel.

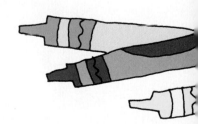

110

Escritos de investigación

La biblioteca

¿Alguna vez has ido a una biblioteca?
Las bibliotecas están llenas de libros.
Hay libros sobre lugares muy interesantes
y sobre animales raros. También hay libros
de cuentos maravillosos, ¡y muchas otras
cosas más!

Busca... ¡y aprende!

Este capítulo trata de los
distintos tipos de libros que hay
en una biblioteca. También
aprenderás cómo buscar libros
y cómo usarlos. Todas estas
ideas te ayudarán a usar
mejor la biblioteca.

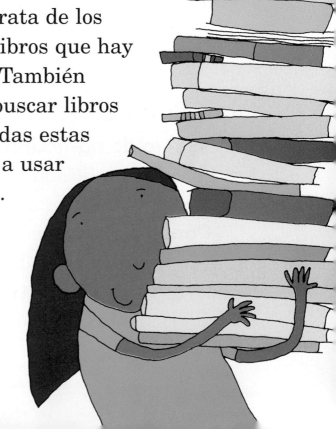

¿Qué tipos de libros hay?

Libros de ficción

Un **libro de ficción** cuenta una historia imaginaria, es decir, una historia que no pasó en la realidad. El autor la inventó.

¿Dónde están? Los libros de ficción tienen su propio lugar en la biblioteca. Los encontrarás en orden alfabético según el apellido del autor.

Libros de no-ficción

Un **libro de no-ficción** narra hechos reales. Los libros de no-ficción informan sobre temas como la selva tropical o los aviones.

¿Dónde están? Los libros de no-ficción están ordenados por números. Llevan "números de catálogo". (En la página 116 aprenderás más sobre los números de catálogo.)

Biografías

Una **biografía** cuenta la vida de una persona importante, como un gobernante o un inventor.

¿Dónde están? Las biografías también tienen su propio lugar en la biblioteca. Están en orden alfabético según el apellido de la persona de quien trata el libro.

Libros de consulta

En un **libro de consulta** hay muchos datos e información. Las enciclopedias y los diccionarios son libros de consulta.

¿Dónde están? Los libros de consulta están en un lugar especial en la biblioteca. Tu maestro o la bibliotecaria te puede mostrar dónde están.

Cómo hallar un libro

Catálogo de fichas

El **catálogo de fichas** contiene todos los libros que hay en la biblioteca. Para cada libro hay una ficha de título, una ficha de tema y una ficha de autor. Las fichas están en orden alfabético.

Ejemplo de ficha de título

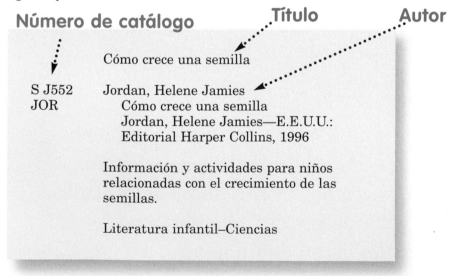

Número de catálogo

Título

Autor

S J552
JOR

Cómo crece una semilla

Jordan, Helene Jamies
    Cómo crece una semilla
    Jordan, Helene Jamies—E.E.U.U.:
    Editorial Harper Collins, 1996

Información y actividades para niños relacionadas con el crecimiento de las semillas.

Literatura infantil–Ciencias

Puedes buscar un título, un tema o un autor en el catálogo de fichas. Si no encuentras un título que empiece con *Un, Una, El, La, Los o Las,* entonces busca la segunda palabra.

Catálogo en computadora

Muchas bibliotecas tienen sus catálogos de fichas en computadora. La computadora te muestra la misma información que el catálogo de fichas. Sólo tienes que teclear el título, el autor o una palabra clave del libro que buscas. Una **palabra clave** funciona igual que una ficha de tema.

```
Autor:      Jordan, Helene Jamies
Título:     Cómo crece una semilla
Publicado: E.E.U.U.:
            Editorial Harper Collins, 1996.
Tema:       Literatura infantil—Ciencias
Número de catálogo:     Estatus:
S J552 JOR              Disponible
Ubicación:
Infantil en español
```

Números de catálogo

Para encontrar un libro de no-ficción, tienes que saber su **número de catálogo**. *Cómo crece una semilla,* de Helene J. Jordan, tiene este número de catálogo:

S J552
JOR

En el dibujo de abajo puedes ver dónde queda este libro en el estante.

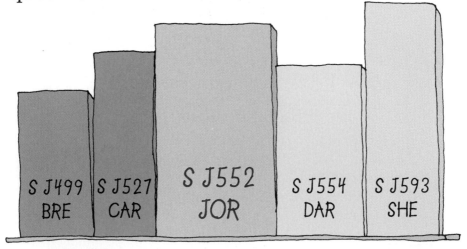

S J499 BRE   S J527 CAR   S J552 JOR   S J554 DAR   S J593 SHE

Si no encuentras un libro, pídele ayuda a la bibliotecaria o a tu maestro. ¡Así te volverás un experto en la biblioteca!

Los libros de no-ficción

Los libros de no-ficción son más fáciles de usar si conoces sus partes. Éstas son sus partes principales:

Al principio

- La **portada** es la primera página. Ahí están el título del libro y el nombre del autor.
- La **tabla de contenido** nombra cada capítulo y la página en que comienza.

En el medio

- El **cuerpo** es la parte principal del libro. Incluye todos los capítulos.

Al final

- El **glosario** explica algunas palabras que se usan en el libro y que tal vez no conozcas.
- El **índice** es una lista, en orden alfabético, de todos los temas del libro. Ahí está el número de la página donde puedes encontrar cada tema.

Informes

Alberto Campos aprendió tres cosas sobre su dinosaurio favorito: *de qué tamaño era, qué comía* y *dónde vivía.* Luego, escribió un informe con esta información. Lee su informe en la página 123.

Busca, encuentra e informa

¿Sabes cómo buscar información sobre un tema? ¿No? Pues entonces, ¡en este capítulo te enseñaremos! También te enseñaremos cómo presentar los datos que has encontrado.

Busca información

Elige un tema interesante

- Empieza con un tema que estés estudiando, por ejemplo, los dinosaurios.

- Anota las ideas que te llamen la atención sobre el tema. Puedes buscar ideas en libros o preguntarles a tus amigos.

- Escoge la idea que más te interese para el tema de tu informe.

Piensa en el tema

- Escribe dos o tres preguntas sobre el tema.

- Cópialas en tarjetas o en una cuadrícula de datos. (Fíjate en el modelo de la página 121.)

Estudia el tema

- Busca información sobre el tema en varios lugares, por ejemplo:

    libros, cintas, revistas, entrevistas, CDs, Internet

- Trata de usar más de una fuente de información.

- Escribe las respuestas a tus preguntas a medida que lees y aprendes. Anótalas en las tarjetas o en la cuadrícula.

Ejemplo de tarjeta

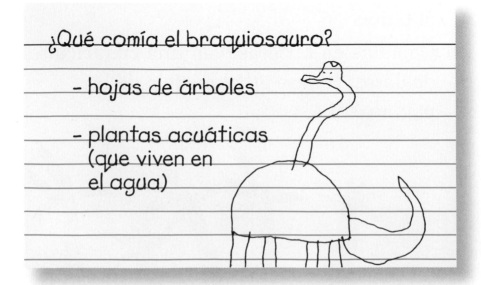

¿Qué comía el braquiosauro?

- hojas de árboles

- plantas acuáticas (que viven en el agua)

Usa una cuadrícula

Una **cuadrícula** te ayuda a organizar la información que reúnes sobre tu tema.

Para empezar

USA una hoja grande de papel.

TRAZA líneas para hacer la cuadrícula.

ESCRIBE tus preguntas y contéstalas.

Braquiosauro	Libro	Enciclopedia
¿De qué tamaño era?	75 a 80 pies de largo y 40 pies de alto	más alto que un edificio de cuatro pisos
¿Qué comía?	hojas de árboles	plantas acuáticas

Si se te ocurren otras preguntas o encuentras más datos, añádelos a tu cuadrícula.

Escribe tu informe

Ahora puedes usar la información que tienes para escribir tu informe. Usa como guía esta página y el informe de Alberto, que está en la página siguiente.

Comienzo En el primer párrafo, presenta el tema de una manera interesante. Alberto empieza con una pregunta. También se podría dar un dato importante.

Desarrollo Con la información de tus notas, desarrolla tu tema. Cada párrafo que escribas debe contestar una pregunta.

Final Di qué aprendiste o qué te llamó más la atención sobre el tema.

Acuérdate de corregir tu informe antes de escribir la copia final.

MODELO: Informe

Los braquiosauros
por Alberto Campos

¿Qué dinosaurio fue el más largo, el
más alto y el más pesado que vivió en la
tierra? Fue el braquiosauro.

Comienzo

Los braquiosauros medían de 75 a 80
pies de largo y 40 pies de alto. ¡Eran más
altos que un edificio de cuatro pisos!
Tenían un cuello muy largo. Podían alcanzar
las copas de árboles que medían 40 pies.

Desarrollo

Los braquiosauros comían hojas de
árboles y plantas acuáticas.
Seguro que comían mucho, porque un
braquiosauro pesaba lo mismo que
10 elefantes.

Los braquiosauros vivían en el oeste
de Norteamérica. Como yo vivo en
California, a lo mejor algún día me
encuentro un fósil.

Final

**Dibujo de
ejemplo**

Otras maneras de presentar información

En esta lista hay otras maneras de presentar lo que has aprendido. ¡Es posible que a ti se te ocurran muchas otras más!

POEMA EN LISTA Escribe un poema que dé datos sobre tu tema. (Mira el modelo de la página 125.)

CUENTO Escribe un cuento sobre tu tema. (Mira el modelo de la página 125.)

LETRERO Haz un letrero. (Mira el modelo de las páginas 106–109.)

DICCIONARIO ILUSTRADO Haz un diccionario con dibujos. (Mira el modelo de las páginas 126–129.)

INFORME ORAL Habla de los datos más importantes de tu tema. Haz dibujos y da ejemplos que te ayuden a presentar los datos.

MODELO:
Poema
en lista

En este poema, Gregorio hace una lista de datos sobre una ardilla.

La ardilla

Una ardilla soy
y en el bosque estoy.
Mi cola es esponjosa
y se ve muy hermosa.
Soy de color café
y mido menos de un pie.
Como muchas nueces
y las guardo, a veces,
para en invierno tener
¡algo que comer!

MODELO:
Cuento

Aquí está el comienzo del cuento que Alicia escribió sobre un pez.

Pepe, el pez

Soy Pepe, el pez, y vivo en un estanque.
¡Aquí hay muchos animales! Hay patos,
culebras, ranas, castores y, por supuesto,
¡otros peces! Me encanta vivir aquí...

Diccionarios ilustrados

Para hacer un **diccionario ilustrado** debes hacer tres cosas:

1. **Escribir una lista de palabras en orden alfabético.**
2. **Escribir algo sobre cada palabra.**
3. **Hacer un dibujo para cada palabra.**

Escoge un tema

Un diccionario ilustrado puede tratar de cualquier cosa: automóviles, cometas ¡o zapatos! En este capítulo te enseñaremos cómo hacer tu propio diccionario ilustrado.

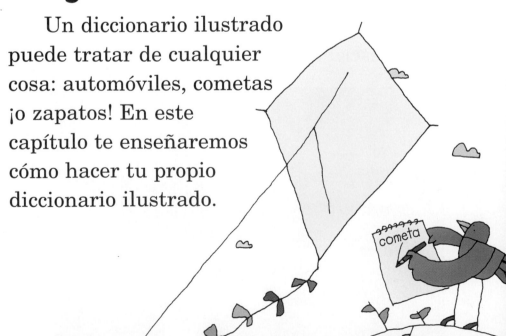

MODELO de un estudiante

Rafael hizo un diccionario sobre medios de transporte. Puedes ver una parte de su trabajo en las página siguientes:

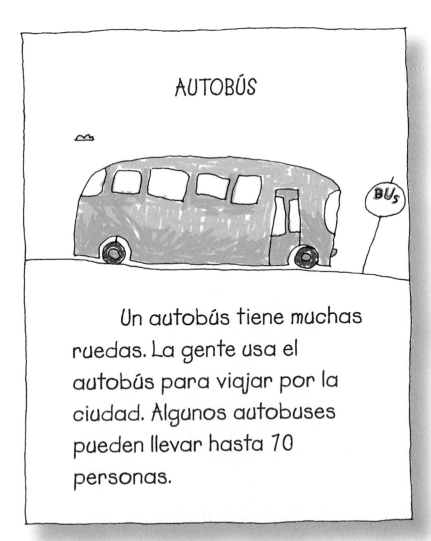

AUTOBÚS

Un autobús tiene muchas ruedas. La gente usa el autobús para viajar por la ciudad. Algunos autobuses pueden llevar hasta 70 personas.

CAMIONETA

Una camioneta tiene cuatro ruedas. Se pueden poner cosas en la parte de atrás. En la parte de adelante caben dos personas.

MOTOCICLETA

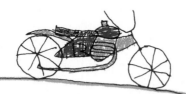

Una motocicleta tiene dos ruedas. La gente anda en motocicleta para divertirse. En una motocicleta pueden ir una o dos personas.

IDEAS para el diccionario

ELIGE un tema que te guste mucho. Aquí tienes algunas ideas:

animales   instrumentos musicales

deportes   juegos electrónicos

HAZ una lista de palabras para tu diccionario. Todas las palabras deben tratar sobre el tema.

ESCOGE las mejores palabras. (No tienes que usarlas todas.)

PON las palabras en orden alfabético.

REÚNE datos sobre cada palabra.

ARMA tu diccionario. Cada página debe tener una palabra, dos o tres oraciones y un dibujo.

REVISA la ortografía en todas las páginas.

HAZ una copia final con su cubierta. (Si necesitas ayuda, busca en las páginas 46–47.)

130

Cuentos

Cuentos circulares

A Rocío le gustan mucho los cuentos circulares. Un **cuento circular** es un cuento que empieza y termina en el mismo lugar. A Rocío le encanta adivinar cómo el autor va a volver al comienzo.

Lee y escribe

Un día, la maestra de Rocío leyó *Si le das una galletita a un ratón,* de Laura Numeroff. Después de oírlo, a Rocío se le ocurrió una buena idea para un cuento circular. Lee su cuento en la página siguiente.

MODELO de una estudiante

Aquí está el cuento circular de Rocío:

Si le das estambre a una gatita

Si le das estambre a una gatita...
Jugará con él.
Luego, ¡se enredará!
Después, irá a la cocina para que la
    desenredes.
Dejará el estambre allí, porque está
    cansada, y se acostará en tu cama.
Luego, querrá que le leas un cuento.
El cuento la aburrirá, así que buscará
    estambre para jugar.
Y, probablemente, ¡se enredará otra vez!

Rocío hizo un dibujo para cada una de las ideas principales de su cuento.

IDEAS para el cuento

LEE más cuentos circulares. Eso te ayudará a escribir los tuyos. Aquí están dos libros que puedes leer:

> *Yo soy el durazno*, de Luisa de Noriega
>
> *La tortillería*, de Gary Paulsen

HAZ un mapa de ideas para tu cuento. Rocío comenzó su mapa así:

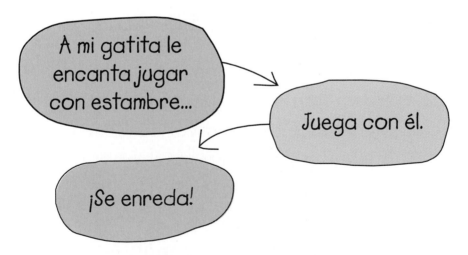

A mi gatita le encanta jugar con estambre...

Juega con él.

¡Se enreda!

ESCRIBE tu cuento y haz los dibujos.

CORRIGE los errores en tu cuento antes de publicarlo.

Cuentos de más-y-más

Los cuentos como "Sopa de piedra" y "El zorro en la luna" se llaman cuentos de más-y-más. ¡Es muy divertido leer y escribir cuentos de más-y-más!

Cúentalo por partes

En un **cuento de más-y-más,** el personaje principal tiene un problema. Uno por uno, nuevos personajes aparecen en el cuento. Al final hay una sorpresa y el problema se resuelve.

MODELO de una estudiante

Aquí está el cuento de Conchita:

Pasos de baile

Conchita tenía muchas ganas de aprender a bailar tap. Pero, por más que trataba, no podía.

Le pidió a Rebeca, su prima, que le enseñara. Rebeca le dijo: "Lo siento, pero yo sólo sé bailar cumbias".

Luego, Conchita le preguntó a su amiga Natalia. Pero Natalia le dijo: "Lo siento, pero yo sólo sé bailar salsa".

Después, Conchita le preguntó a su vecino, el Sr. Gómez. Pero él le dijo: "Lo siento, pero yo sólo sé bailar polcas".

Conchita pensó que nunca iba a poder aprender. Le preguntó a una persona más: a su papá. Él le dijo: "¡Claro que te puedo enseñar a bailar tap!"

Así que Conchita y su papá bailaron tap toda la tarde. Todos quedaron muy sorprendidos. ¡Nadie se imaginaba que su papá sabía bailar tap!

Escribe un cuento de más-y-más

1

HACER UN PLAN

Elige un personaje principal

Haz una lista de ideas o problemas

Conchita hizo esta lista:

hacer una piñata

✔ aprender a bailar tap

arreglar una bicicleta

Elige un problema

Haz una lista de personajes para añadir

Conchita hizo una lista de personas que conocía:

prima Rebeca   papá

Sr. Gómez   Natalia

2 ESCRIBIR

Empieza el cuento

Nombra el personaje principal y explica cuál es su problema.

Uno por uno, añade personajes que traten de ayudar.

3 REVISAR

Revisa tu borrador

* ¿Dijeron tus personajes cosas divertidas o interesantes?

* ¿Hubo una sorpresa al final?

4 CORREGIR

Corrige tu trabajo

Busca errores en tus oraciones antes de escribir la copia final.

Fábulas

Una **fábula** es un cuento que da una lección, o moraleja. Tal vez conoces la fábula de la tortuga y la liebre. Aunque la tortuga camina muy despacio, le gana a la libre en una carrera porque la liebre se para a descansar. La moraleja es: *Más vale paso que dure, que trote que canse.*

¡Ahora te toca a ti!

Tú también puedes escribir una fábula. Lee el modelo de la página siguiente. Luego, te enseñaremos los pasos que debes seguir.

MODELO: Fábula

El lobo y el cabrito

Una cabra y su cabrito vivían en el bosque. La cabra tenía que salir a traer comida, así que le dijo al cabrito que cerrara la puerta con llave y que no dejara entrar a nadie. El lobo estaba escondido cerca y la escuchó. Cuando la cabra se fue, el lobo tocó a la puerta suavemente. El cabrito preguntó:

—¿Quién es?

—Es tu mamá, hijito. Abre la puerta —dijo el lobo, con una voz aguda y chillona.

El cabrito miró por la ventana.

—Dices que eres mi mamá —se rió el cabrito—. Tu voz suena como la de ella. ¡Pero tú pareces un lobo!

Y dejó la puerta cerrada.

Moraleja: Siempre hay que hacerle caso a mamá.

Escribe una fábula

1 HACER UN PLAN

Enumera los personajes

Escoge uno o dos personajes principales para tu fábula. (Encontrarás ideas en la página siguiente.)

Piensa en la moraleja

¿Qué personaje va a aprender una lección? ¿Cuál será la lección? (Encontrarás ideas en la página siguiente.)

Piensa en el lugar

¿Dónde ocurrirá tu cuento? ¿En un bosque? ¿En la playa? ¿En una granja?

Los personajes

Los personajes de las fábulas son casi siempre animales. Éstos son algunos animales que puedes encontrar en las fábulas:

burro	gallo	pavo real
caballo	lechuza	rana
chivo	león	ratón
conejo	lobo	tortuga
culebra	oveja	zorro

La moraleja

Aquí tienes algunas lecciones de fábula:

- No confíes en alguien que sólo te alaba.
- Alguien que apenas conoces puede convertirse en un gran amigo.
- Hay que estar siempre listos.
- No cuentes con las cosas hasta que pasen.

2

ESCRIBIR

Comienza tu fábula

Di dónde ocurre la historia. Haz que tus personajes se reúnan y hablen.

Escribe más

* Muestra que un personaje tiene un problema o que necesita aprender una lección.

* Haz que pase algo. A lo mejor cada personaje trata de ser el más listo.

Termina tu fábula

Ayuda a tus lectores a aprender la moraleja.

El modelo te servirá de guía cuando escribas.

3 REVISAR

Comparte tu fábula

Pídele a un compañero que te diga dos cosas:

- su parte favorita
- la moraleja de la fábula

Haz cambios

¿Se te olvidó escribir alguna parte? ¿Qué preguntas hizo tu compañero?

4 CORREGIR

Corrige tu trabajo

✔ Busca errores en el uso de las mayúsculas, la puntuación y la ortografía.

✔ Luego, escribe una copia en limpio.

Cuentos de misterio

Sigue las pistas

La clase de Iván y Marisa escribió cuentos de misterio. Lee el cuento de Iván que empieza en la página siguiente. Luego, te enseñaremos a escribir tu propio cuento de misterio.

MODELO de un estudiante

El caso del anillo perdido

Había una vez un científico llamado Iván. Él y su amiga Marisa iban mucho a la biblioteca.

En la biblioteca había una estatua de madera. Tenía un anillo brillante con el dibujo de un cuervo. A todos les encantaba ese anillo.

Un día que Iván y Marisa estaban en la biblioteca, Marisa notó que el anillo ya no estaba. No había rasguños en la madera.

—¡Iván, ven! —dijo Marisa.

Iván buscó huellas digitales.

—No hay huellas —le dijo a Marisa.

Luego, Iván oyó un ruido raro. Miró a la izquierda y a la derecha.

Se nombra al personaje principal.

Se habla del misterio o del problema.

→

146

El personaje principal sigue las pistas.

Pero no vio nada.

Luego Iván vio la jaula de pájaros de la biblioteca. La puerta estaba abierta y el cuervo que vivía allí ya no estaba.

Recordó que no había rasguños ni huellas digitales donde faltaba el anillo. "He solucionado el misterio", pensó.

Se soluciona el misterio.

Iván miró hacia arriba. Allí estaba el cuervo. ¡Tenía el anillo en el pico!

—Creo que el cuervo pensó que el dibujo del anillo era un cuervo de verdad —dijo Marisa.

—Tienes razón —dijo Iván—. Tal vez el cuervo necesitaba un amigo.

Misterio resuelto.

Escribe un cuento de misterio

1

HACER UN PLAN

Haz una lista de posibles problemas

Aquí tienes algunas ideas:

- una llave perdida
- un perro desconocido
- un ruido bajo la cama

Elige un problema

Planea tu cuento

* ¿Quién va a resolver el problema?

* ¿Qué otros personajes va a haber en tu cuento?

* ¿Dónde ocurrirá el cuento?

2

ESCRIBIR

Empieza tu cuento

Haz lo siguiente:

* Presenta al personaje principal.

* Describe el problema.

* Infórmale al lector por qué se debe solucionar el misterio.

Sigue escribiendo

Da algunas pistas para que el personaje principal las siga.

Soluciona el misterio

Dale el toque final a tu cuento. Iván escribió: **"Misterio resuelto"**.

Si te trabas, vuelve a leer el cuento de misterio de Iván. Fíjate cómo lo organizó.

3

REVISAR

Lee tu borrador

Contesta estas dos preguntas:

¿Puse algunas pistas?

¿Solucioné el misterio?

Haz cambios

Asegúrate de que tu misterio sea emocionante. Tus personajes deben hablar unos con otros.

Deja sangría cada vez que hable una persona. Así, tu cuento será más fácil de leer.

4

CORREGIR

Corrige tu trabajo

Busca errores en el uso de las mayúsculas, la puntuación y la ortografía.

150

Poemas

Poemas cortos

La piscina

En el verano,
yo vivo en la piscina.
El agua es azul
como el cielo.
Despego del trampolín, y...
¡PUM!
¡Aterrizo panza al agua!

¡Cada palabra cuenta!

"La piscina" es un poema corto que escribió Álvaro. "No hay que usar muchas palabras", nos dice Álvaro, "para decir algo interesante".

Otro MODELO

Las palabras del poema de Gloria describen la playa.

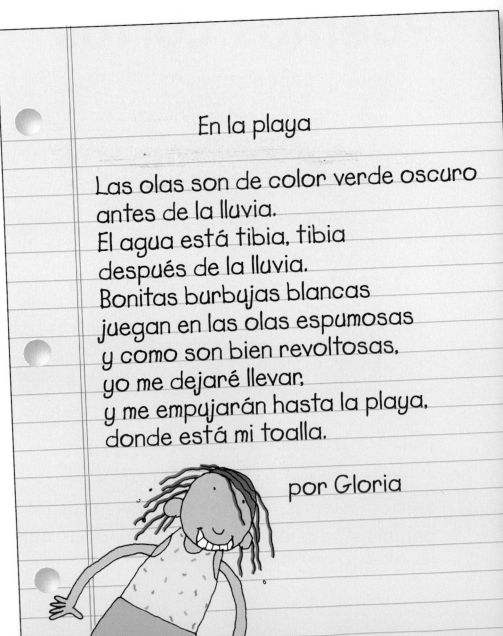

En la playa

Las olas son de color verde oscuro
antes de la lluvia.
El agua está tibia, tibia
después de la lluvia.
Bonitas burbujas blancas
juegan en las olas espumosas
y como son bien revoltosas,
yo me dejaré llevar,
y me empujarán hasta la playa,
donde está mi toalla.

por Gloria

Un poema es un amigo

Sigue estos pasos cuando leas poemas cortos. ¡Puedes hacerte amigo de ellos!

LEE el poema dos o tres veces.

LÉELO en voz alta y escucha los sonidos.

ENSÉÑALE el poema a un compañero.

COPIA el poema en tu cuaderno.

¿Qué palabras te sirven para ver cosas?

¿Qué palabras hablan sobre sentimientos?

Escribe un poema corto

1

HACER UN PLAN

Haz una lista de ideas

Piensa en cosas comunes:

un cepillo de dientes
el viento
las estrellas
la arena

Elige una idea

Luego, haz una lista de palabras y frases sobre tu idea. Marta escribió ideas sobre el viento.

El viento

– lo siento
– me roza la cara
– esparce semillas

2 ESCRIBIR

Escribe tu poema

Estas ideas te pueden servir:

* Describe cómo es, a qué huele o cómo suena lo que estás describiendo.

* Di qué hace o qué haces tú con él.

* Di qué te hace sentir.

Prueba algunas de estas cosas:

* Usa palabras de acción vívidas.
  <u>Despego</u> del trampolín.

* Haz comparaciones.
  El agua es azul como el cielo.

* Añade sonido a tu poema.
  (Por ejemplo, puedes repetir sonidos de consonantes.)
  <u>B</u>onitas <u>b</u>urbujas <u>b</u>lancas

156

El borrador de Marta

En su borrador, Marta muestra cómo piensa mejorar su poema.

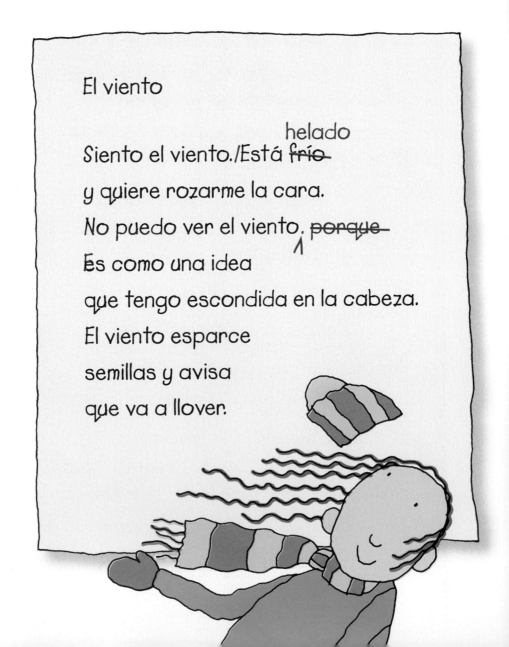

El viento

helado
Siento el viento./Está ~~frío~~
y quiere rozarme la cara.
No puedo ver el viento. ~~porque~~
Es como una idea
que tengo escondida en la cabeza.
El viento esparce
semillas y avisa
que va a llover.

3 REVISAR — Revisa tu borrador

* Hazte estas preguntas:

  ¿Usé las mejores palabras?

  ¿Hice comparaciones?

* Marca dónde quieres que termine cada verso. Marta quiso terminar su primer verso con la palabra "viento".

  Siento el viento./Está helado

4 CORREGIR — Corrige tu trabajo

✔ Busca errores en el uso de las mayúsculas, la ortografía y la puntación.

✔ Escribe tu copia final. (En la página 159 aparece la copia final de Marta.)

Sonidos agradables

Rima

La rima conecta dos o más versos de un poema.

y me empujarán hasta la <u>playa</u>,
donde está mi <u>toalla</u>.

Sonidos que se repiten

La repetición de palabras hace que tu poema suene mejor.

el agua está tibia, tibia,
También la repetición de consonantes:
<u>B</u>onitas <u>b</u>urbujas <u>b</u>lancas

Onomatopeya

Las onomatopeyas son palabras que imitan sonidos. Pon "palabras ruidosas" en tus poemas. ¡Es divertido!

¡PUM!
¡Aterrizo panza al agua!

Comparaciones

- Un **símil** es una comparación en la que se usan las palabra *como* o *igual que:*

  La luna brilla como una
  moneda de plata.

- La **personificación** habla de una cosa como si fuera una persona:

  El viento quiere rozarme la cara.

La copia final de Marta

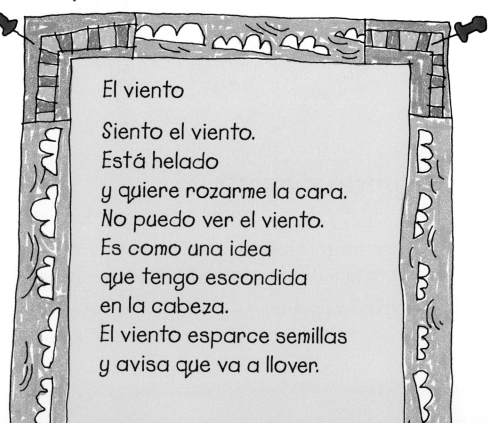

El viento

Siento el viento.
Está helado
y quiere rozarme la cara.
No puedo ver el viento.
Es como una idea
que tengo escondida
en la cabeza.
El viento esparce semillas
y avisa que va a llover.

Poemas-dibujo

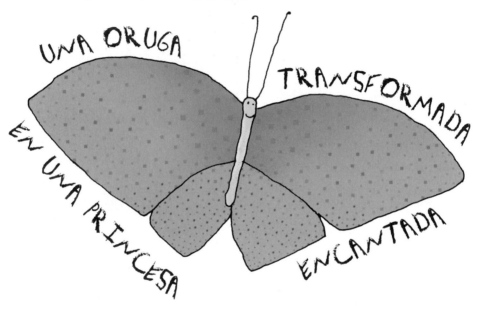

LA MARIPOSA ES
UNA ORUGA
TRANSFORMADA
EN UNA PRINCESA
ENCANTADA

¿Te gusta dibujar?

¡A Víctor López, sí! A él le gusta hacer poemas-dibujo como la mariposa que ves arriba. Ahora te enseñaremos a ti a hacer este tipo de poemas.

MODELO

Puedes escribir palabras *dentro* de un dibujo para hacer un poema-dibujo.

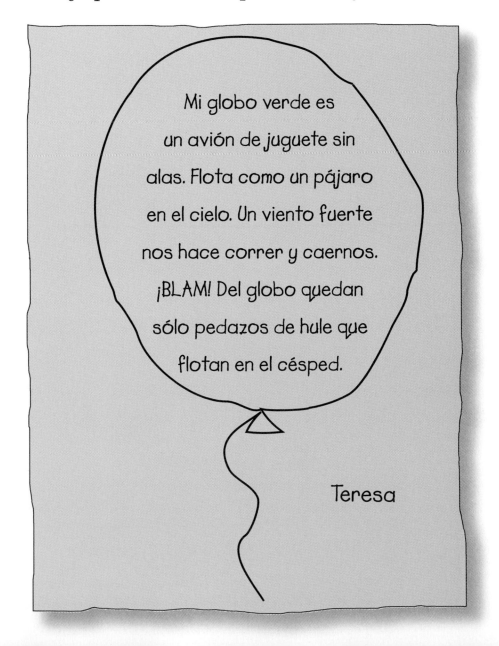

Mi globo verde es un avión de juguete sin alas. Flota como un pájaro en el cielo. Un viento fuerte nos hace correr y caernos. ¡BLAM! Del globo quedan sólo pedazos de hule que flotan en el césped.

Teresa

MODELO

También puedes usar palabras para *delinear* el dibujo, como lo hizo Jaime.

Bolas blancas de algodón que flotan. perseguidas por fuertes vientos que soplan.

NUBES

Haz un poema-dibujo

1

**HACER
UN PLAN**

Haz una lista de dibujos

Piensa en juegos o en otras cosas que te gusta hacer.

> pelota de fútbol
> cometas
> columpio
> burbujas de jabón

Elige un dibujo

Asegúrate de que lo puedas dibujar.

Reúne ideas para escribir

Teresa pensó en un globo. Éstas son algunas de las ideas que se le ocurrieron.

verde	un avión
flota	un pájaro

2
ESCRIBIR

Escribe tu poema
Subraya tus mejores ideas. Úsalas para escribir un poema.

Haz tu dibujo
Tu dibujo debe ser grande, para que quepan las palabras.

Junta el poema y el dibujo
Escribe tu poema dentro del dibujo o alrededor de él.

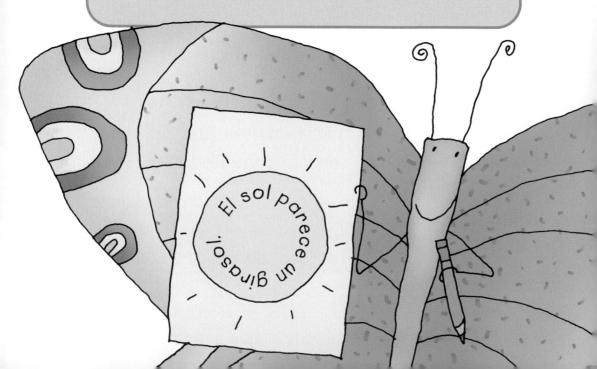

El sol parece un girasol.

3

REVISAR

Lee tu borrador

✷ **Pregúntate:** ¿Tienen mis ideas algo que ver con mi dibujo?

✷ **Pregúntale a un amigo:** ¿Qué ves cuando lees mi poema?

4

CORREGIR

Corrige tu trabajo

Busca errores en el uso de las mayúsculas, la puntuación y la ortografía. Luego, haz una copia final de tu poema para publicarlo.

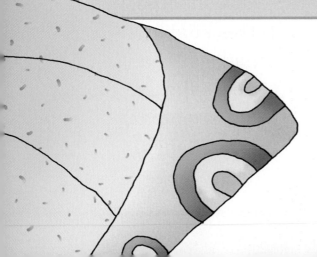

¡Más ideas para poemas!

Poema de ABC

Un **poema de ABC** usa una parte del alfabeto para hacer un poema chistoso.

Algunos
Bonitos
Cometas
Danzan
Elegantemente

Poema en diamante

Para escribir un **poema en diamante**, sigue un patrón de sílabas. (Los versos dos y seis nombran el tema.)

frío	(dos sílabas)
invierno	(tres sílabas)
gorra gruesa	(cuatro sílabas)
ropa de lana	(cinco sílabas)
guantes rojos	(cuatro sílabas)
invierno	(tres sílabas)
lindo	(dos sílabas)

Acróstico

En un **acróstico** se usan las letras de un nombre o una palabra para empezar cada verso.

Ordenado   Verduras
Simpático   Elotes
Cauteloso   Remar en el lago
Amable   Abejas
Rubio   Nadar en el mar
               Olas

Trabalenguas

Las palabras de un **trabalenguas** tienen letras y sonidos que se repiten mucho. Si dices las palabras rápido, ¡verás que se te traba la lengua! Aquí tienes dos ejemplos:

La choza
Panchita techaba su choza de chapa.

Los tigres
Tres tristes tigres tragaban trigo.

168

Aprende a

aprender

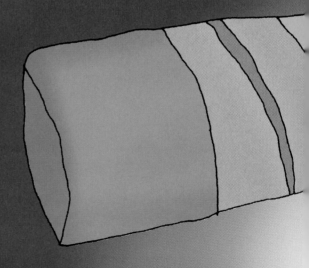

Mejorar
la lectura

Gráficas

Algunas ilustraciones son nada más de adorno. Otras ofrecen información. Las que ofrecen información se llaman **gráficas**.

¡Fíjate!

Este capítulo te enseñará a "leer" cuatro tipos de gráficas: **señales, diagramas, tablas** y **gráficas de barras**.

Señales

Las **señales** dicen cosas importantes.

Esta señal quiere decir "veneno".

Mr. Yuk © Hospital Infantil de Pittsburgh, PA.
Reproducido con permiso.

Pistas para entender las señales

- Busca letras o palabras en la señal. **RR en este símbolo quiere decir *RailRoad*, es decir, "ferrocarril".**

- Una raya roja significa "no". **Este símbolo quiere decir "no se permiten bicicletas".**

- Mira el color del símbolo. **ROJO puede ser "alto" o "no se permite".**

  AMARILLO puede ser "precaución".

  VERDE puede ser "siga".

Los diagramas

Un **diagrama** puede mostrar las partes de un objeto. También puede mostrar cómo algo funciona o cambia.

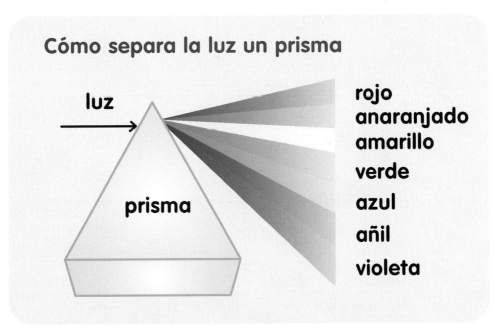

Cómo separa la luz un prisma

luz

prisma

rojo
anaranjado
amarillo
verde
azul
añil
violeta

Pistas para entender los diagramas

- Primero, observa las partes. Luego, observa todo el diagrama.
- Lee los rótulos.
- Fíjate en las flechas o líneas indicadoras. Te muestran cómo funciona o cómo cambia una cosa.

Tablas

Una **tabla** sirve para organizar cosas.

Libros que he leído		
Nombre del libro	Ficción	No-ficción
Jugando con la geometría		X
Un sillón para mi mamá	X	
Carlos y la milpa de maíz	X	

Encabezamientos

Pistas para entender las tablas

- Lee el título para saber de qué trata la tabla.
- Lee los encabezamientos.
- Lee cada fila de izquierda a derecha.

Gráficas de barras

Una **gráfica de barras** te permite
mostrar cuánto hay de algo.

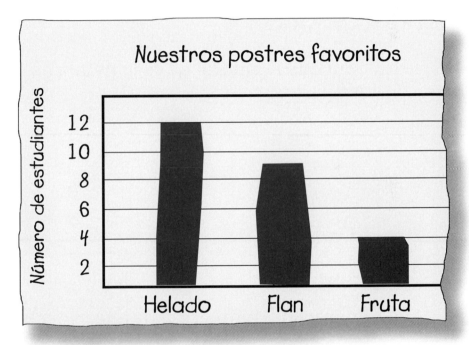

Pistas para entender las gráficas de barras

- Lee el título para saber de qué trata
  la gráfica.
- Lee los rótulos que están debajo de
  las barras.
- Lee la escala que está a un lado de la
  gráfica. Muestra la cantidad.

Palabras nuevas

Hay muchas maneras de leer palabras nuevas. Fíjate bien:

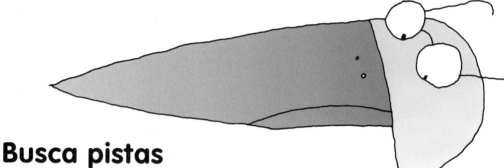

Busca pistas

Lee la oración completa, sin hacerle caso a la palabra que no conoces. Después, piensa en una palabra que tendría sentido y que sonaría bien si la pusieras en el lugar de la palabra desconocida.

Las **letras** de la palabra y las **ilustraciones** e **ideas** de la página te ayudarán.

Busca sílabas que ya conoces

Si puedes formar las palabras **sopa** y **mata**, puedes formar la palabra

mapa

Sólo tienes que juntar las sílabas **ma** y **pa** que ya conoces. También puedes usar las sílabas **ma** y **pa** para formar:

mano   mago   lupa   ropa

Usa las sílabas para descifrar

Para descifrar una palabra, fíjate en las sílabas y dilas en orden.

Para leer **mapa**, di:

/ma/ /pa/

Para leer **manta**, di:

/man/ /ta/

Divide en sílabas las palabras largas

Para dividir una palabra en sílabas, sigue estas reglas:

- Cuando hay una vocal entre dos consonantes, divide la palabra después de la vocal:

ma-le-ta

- Cuando hay dos consonantes entre dos vocales, divide la palabra entre las consonantes:

pin-ce-les

No dividas la *ch* ni la *ll* ni la *rr*. No dividas tampoco estas combinaciones de consonantes: *bl*, *br*, *cl*, *cr*, *fl*, *fr*, *gl*, *gr*, *pl*, *pr*, *tr* y *dr*.

- Si hay tres consonantes entre dos vocales, dos de ellas formarán un par de consonantes que te dijimos arriba que no se deben dividir. Ten cuidado.

Busca prefijos, sufijos y raíces

Las palabras largas pueden tener un prefijo, un sufijo o ambos.

		prefijo		raíz		sufijo
predecir	**=**	**pre**	**+**	**decir**		
gatito	**=**			**gato**	**+**	**ito**
uniciclista	**=**	**uni**	**+**	**ciclo**	**+**	**ista**

Busca palabras compuestas

Hay palabras largas que están formadas por dos palabras cortas. Estas palabras se llaman **palabras compuestas**.

abrelatas = abre + latas

lavamanos = lava + manos

saltamontes = salta + montes

> Si todavía no puedes leer la palabra, ¡pide ayuda!

Leer para entender

Los cuentos chistosos te hacen reír. Algunos poemas te hacen sentir emoción. Y los libros de datos interesantes, ¡hacen que te vuelvas más listo!

Haz un plan

Este capítulo te ayudará a leer libros informativos. En cada página hay un plan que te ayudará a leer, a aprender y a recordar.

Haz predicciones

Antes de empezar, piensa en lo que vas a leer. ¡Así estarás listo para aprender! Sigue este plan:

DA UN VISTAZO

Mira el título, las palabras en negritas y las ilustraciones. ¿Qué te dicen sobre el tema?

PREDICE

¿Qué crees que vas a aprender? ¿Qué preguntas tienes sobre el tema?

Piensa en el tema *mientras* lees y *después* que termines. ¿Encontraste las respuestas a tus preguntas?

<u>S</u>aber <u>Q</u>uerer <u>A</u>prender

Una tabla SQA te ayudará a pensar y a aprender mientras lees. Fíjate cómo puedes organizar tu tabla:

(Título de la lectura)		
Lo que SÉ	Lo que QUIERO aprender	Lo que APRENDÍ

IDEA Llena las dos primeras columnas *antes* de leer y la última *después* de leer.

Cuenta lo que sabes

Habla con un compañero o con tu maestro sobre lo que has leído. Si sabes contar algo de nuevo, eso muestra que lo aprendiste muy bien. Para empezar, contesta estas preguntas:

- ¿Qué es lo más importante que aprendiste?
- ¿Qué otras cosas aprendiste?
- ¿Quieres mostrar algunas ilustraciones?

También puedes "contar lo que sabes" en papel. Sólo tienes que anotar todo lo que aprendiste.

Agrupa ideas

Anota en un mapa de ideas lo que has aprendido. Así podrás organizar las ideas principales de tu lectura. Aquí tienes el mapa de un capítulo sobre las plantas. (El nombre del capítulo está en el círculo del medio.)

Dibuja para aprender

¿Verdad que es divertido hacer dibujos sobre lo que lees? Además, es una buena forma de mostrar lo que has aprendido. Alejandro leyó sobre las casas de varios animales. Después, hizo algunos dibujos sobre el tema.

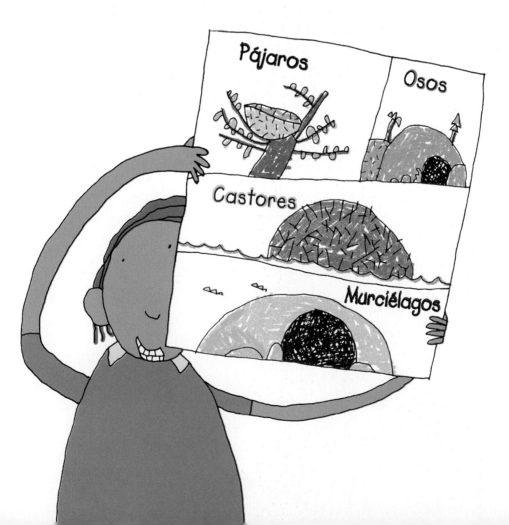

Letras y palabras

La fonética

La fonética es la ciencia del sonido del idioma. Nos dice cómo combinar vocales y consonantes para formar sílabas. También nos dice cómo combinar sílabas para formar palabras. Sin la fonética no podrías leer ni escribir nada.

¡Sílabas al rescate!

Este capítulo será tu guía de fonética y tu guía de sílabas. Sin sílabas no podrías hacer nada, ni hablar por télefono con tu abuelita. Aquí encontrarás ejemplos de muchísimas sílabas, que son los sonidos de los que está hecho el español.

Las vocales

Las vocales son **a**, **e**, **i**, **o**, **u**. Hay vocales en todas las sílabas. A veces, una vocal sola puede ser una sílaba. Aquí hay algunos ejemplos de palabras que tienen vocales solas como sílabas.

a

abanico

abuela

águila

anillo

e

edificio

ejército

elefante

erizo

i

idea

iglesia

iglú

iguana

o

ojo

oreja

orangután

oso

U

uniciclo

unicornio

uña

uva

Sílabas abiertas

Las sílabas abiertas son sílabas que terminan con una vocal. En las siguientes páginas encontrarás ejemplos de palabras con sílabas abiertas.

con **m**	con **p**	con **t**
mariposa	pato	taza
mesa	pelo	té
miga	piña	títere
mono	poco	tomate
mula	puma	tu

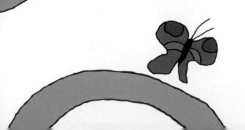

con **s**

sapo

señora

silla

sopa

subida

con **l**

lana

león

limón

loro

lunes

con **v**

vagón

venado

víbora

pavo

con **f**

faro

feria

fino

foca

futuro

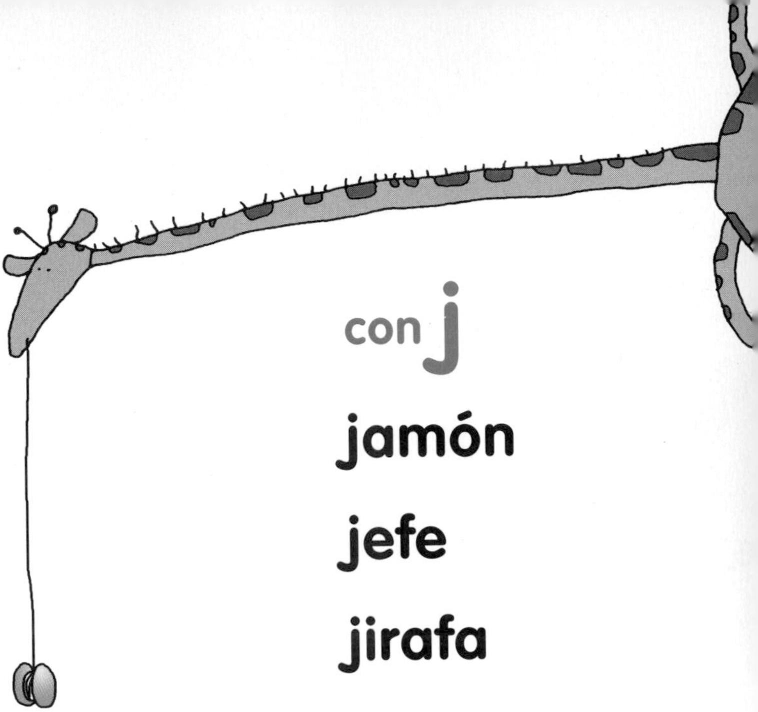

con **y**

payaso

yema

hoyito

yoyo

ayuda

con **j**

jamón

jefe

jirafa

jota

jugo

con **g**

galleta

gota

gusano

con **d**

damas

dedo

dijo

domingo

durazno

con **c**

caja

cometa

cuna

con **b**

bate

bebé

bigote

bota

búho

con **n**

naranja

pone

nido

novia

nudo

con **ñ**

niña

muñeca

niñito

niño

ñu

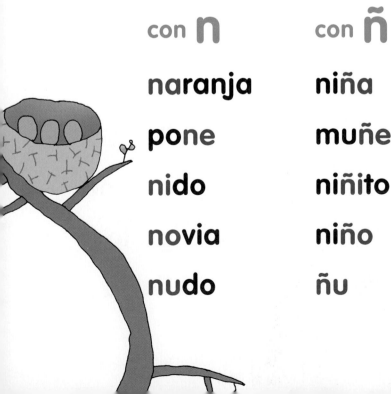

con **r**

ratón

reloj

rima

ropero

rubio

con **z**

zapato

zorro

azulejo

con **ch**

chaleco

coche

chile

chocolate

chuleta

con **ll**

llama

llegada

gallina

gallo

lluvia

con qu

chaqueta

poquito

con h

hamaca

helado

higo

hola

humo

con rr

gorra

corre

burrito

carro

arruga

con k

karate

kilo

con x

examen

taxi

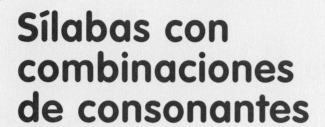

Sílabas con combinaciones de consonantes

A veces, una sílaba puede empezar con dos consonantes. Para leer la sílaba, pronuncia las dos consonantes. Mira estos ejemplos.

flores	**abrigo**
sombrero	**pluma**
uniciclo	**primavera**
cremallera	**globo**
trono	**alegre**
nublado	**padre**

Sílabas cerradas

Las sílabas cerradas terminan con una consonante. Aquí tienes algunos ejemplos.

pon	esto	último
ser	listo	falda
les	infla	simple
sal	pantalón	calcetines
pez	olvida	ratón
ando	colcha	blanco
campo	tortuga	

Sílabas con diptongos

También puede haber dos vocales juntas en una sílaba. Estas dos vocales forman un *diptongo*, que es un sonido especial. Éstos son algunos ejemplos de sílabas con diptongos.

hay	agua
ley	huevo
estoy	cuidado
muy	aguacate
diamante	peine
viento	boina
radio	jaula

Otros sonidos

Los sonidos de la c y la g

La *c* y la *g* suenan distinto según la vocal que las sigue. Si van seguidas por *a*, *o* o *u*, tienen un sonido fuerte. Si van seguidas por *e* o *i*, tienen un sonido suave.

ca, co, cu / ce, ci

casa, poco, cuna / cena, cine

ga, go, gu / ge, gi

gato, lago, gusano / gemelo, gira

La u después de la g

En las sílabas *gue* y *gui*, la *u* sólo se pronuncia cuando lleva dos puntos encima.

gue, gui / güe, güi

pague, guiso / cigüeña, pingüino

Cómo se forman nuevas palabras

La palabra "pintar" es una raíz o palabra base. Puedes usar la palabra "pintar" para formar una palabra nueva añadiendo un prefijo o un sufijo.

Un **prefijo** se añade antes de la raíz o palabra base.

re + pintar = repintar

Un **sufijo** se añade después de la raíz o palabra base.

pintar + ando = pintando

Sufijos diminutivos

Los sufijos **-ito**, **-ita** y **-cito**, **-cita** se usan para indicar "pequeño". Éstos se llaman sufijos *diminutivos*.

Cuando la palabra base termina en una vocal, se quita la última vocal y se añade **-ito** o **-ita**.

pájaro + ito = pajarito

camisa + ita = camisita

Cuando la palabra base termina en *co* o *ca*, la *c* cambia a *qu* y se añade **-ito** o **-ita**.

chico + ito = chiquito

boca + ita = boquita

Cuando la palabra base termina en *z*, la *z* cambia a *c* y se añade **-ito** o **-ita**.

mozo + ito = mocito

choza + ita = chocita

Sufijos aumentativos

Otros sufijos se usan para indicar "muy" o "mucho". Estos sufijos se llaman *aumentativos*.

Se pone **-ón** u **-ona** al final de una palabra para decir "grande" o "alguien que tiene mucho de algo". Se quita la última vocal y se añade el sufijo.

cuchara + ón = cucharón

cabeza + ón = cabezón

oreja + ona = orejona

Se pone **-ísimo** o **-ísima** al final de una palabra para decir "muy". Si la palabra base termina en *co* o *ca*, la *c* cambia a *qu*. Si termina en *z*, la *z* cambia a *c*.

bravo + ísimo = bravísimo

rico + ísimo = riquísimo

feroz + ísimo = ferocísimo

Otros sufijos

El sufijo **-mente** significa "de cierto modo". Si la palabra base termina en *o*, la *o* se cambia por una *a*.

alegre + mente = alegremente

rápido + mente = rápidamente

Los sufijos **-ante**, **-ero**, **-ista** y **-tor** significan "alguien que hace algo".

acordeón + ista = acordeonista

canta + ante = cantante

zapato + ero = zapatero

pinta + tor = pintor

El sufijo **-ería** significa "lugar".

helado + ería = heladería

zapato + ería = zapatería

Prefijos

El prefijo **re-** significa "de nuevo".

re + construir = reconstruir

re + aparecer = reaparecer

re + tocar = retocar

El prefijo **in-** significa "no".

in + digno = indigno

in + existente = inexistente

in + fiel = infiel

El prefijo **tri-** significa "tres".

tri + ángulo = triángulo

tri + ciclo = triciclo

tri + color = tricolor

Más prefijos

bi- (significa "dos")
bicicleta (vehículo de dos ruedas)

des- (significa "lo contrario de")
desaparecer (lo contrario de aparecer)

sub- (significa "debajo")
subrayado (rayado debajo)

Más sufijos

-able (significa "digno de")
admir**able** (digno de admiración)

-logía (significa "estudio de")
bio**logía** (estudio de los seres vivos)

-oso (significa "lleno de")
lod**oso** (lleno de lodo)

Cómo se usa un glosario

Un **glosario** es como un diccionario pequeño que aparece al final de un libro y explica algunas de las palabras del libro.

Por lo general, un glosario te da la siguiente información sobre una palabra.

Ortografía: El glosario te dice cómo se escribe cada palabra.

Definición: La definición te ayuda a entender el significado de la palabra.

Oración: La palabra se usa en una oración para que el significado quede claro.

MODELO: Glosario

bizcocho Torta: *Para que éste sea un verdadero **bizcocho** de cumpleaños, ponle unas velas.*

borrar Quitar con borrador las marcas de lápiz sobre un papel: *Jorge va a **borrar** su nombre porque lo escribió mal.*

bostezar Abrir mucho la boca al respirar cuando se tiene sueño: *Tengo tanto sueño que no dejo de **bostezar.***

brisa Viento fresco y suave: *¡Qué rica es la **brisa** que sopla en el lago cuando hace calor!*

C

cacarear El canto de la gallina o el gallo: *El gallo **cacareó** tanto que me despertó con el ruido.*

carga Algo pesado que hay que llevar de un lugar a otro: *Ayúdame con esta **carga**, que pesa mucho.*

carrillos Mejillas o cachetes, la parte más rellena de la cara: *Al bebé le gusta comer y por eso tiene los **carrillos** tan gorditos.*

cisnes Los **cisnes** son aves que viven en el agua como los patos y los gansos. Los **cisnes** tienen el cuello muy largo y delgado y plumas blancas o negras.

ciudadanos La gente de un país: *Mi mamá nació en México y por eso es **ciudadana** de México.*

Aprende a observar

Casi siempre ves la televisión sólo para divertirte. Pero con los **programas especiales** también puedes aprender mucho.

Programas especiales

Los programas especiales pueden tratar de la selva tropical, de los dinosaurios o de cualquier otra cosa. Este capítulo te da un plan que puedes seguir cuando veas programas especiales. También aprenderás sobre otros tipos de programas y sobre los anuncios.

210

Mira y aprende

Antes del programa

- **Haz** una lista de las preguntas que tienes sobre el tema.

  ¿Qué es un dinosaurio?

  ¿Cuántos dinosaurios había?

  ¿Cómo sabemos sobre ellos?

Durante el programa

- **Busca** las respuestas a tus preguntas.
- **Escribe** palabras claves que te ayuden a recordar la información.

  ¿Qué es un dinosaurio?

  – un reptil

  ¿Cuántos dinosaurios había?

  – más de 800 tipos

  ¿Cómo sabemos sobre ellos?

  – los expertos han encontrado fósiles

Después del programa

Aquí hay algunas cosas que puedes hacer después de ver el programa:

- **Piensa** en tus preguntas. ¿Encontraste las respuestas?
- **Habla** con alguien sobre el programa.
- **Escribe** sobre las ideas importantes.

> Los dinosaurios
>
> Los dinosaurios eran reptiles. Tenían de una manera especial de caminar. No arrastraban el cuerpo por la tierra. Había más de 800 tipos de dinosaurios...

¡Hablar y escribir te sirven para recordar cosas!

Programas de televisión

Hay dos tipos principales de programas. Algunos dan reportajes o muestran sucesos **reales.** Los otros tratan de historias **inventadas.**

Hay programas como *Plaza Sésamo* que tienen algunas partes reales y otras inventadas.

Anuncios

Los negocios que hacen los **anuncios** quieran que compres su producto. Usan colores y música para que el producto te llame la atención. Además:

Usan personajes famosos

En algunos anuncios salen deportistas famosos usando el producto. Si Pepe Jonrón toma _____ , ¡debe ser bueno!

Tratan de unirte a un grupo

Un anuncio puede mostrar a unos niños comiendo un dulce. Tal vez te den ganas de unirte al grupo, ¡y comer tú también!

Resuelven problemas

Algunos anuncios muestran cómo un producto resuelve algún problema. Por ejemplo, con unos zapatos nuevos de fútbol un futbolista juega mejor. (¿Crees que esto siempre sea cierto?)

Aprende a escuchar

A veces, no es divertido escuchar. Tal vez tienes que escuchar a tus hermanitos cuando gritan, y seguramente no te gusta escuchar el despertador en la mañana. Pero cuando escuchas, puedes enterarte de muchas cosas interesantes.

¡Oye!

Escuchar es una manera estupenda de aprender. Escuchas a tus padres, a tus maestros y a tus amigos. La siguiente página te enseñará cómo escuchar mejor.

Cómo escuchar mejor

Mira a la persona que habla. Así podrás seguir lo que dice.

Presta atención a las palabras claves. Te ayudarán a recordar los hechos principales.

El Pacífico es el océano más grande.

El Ártico es el océano más chico.

Presta atención a las instrucciones. Te dicen lo que debes hacer.

Lee sobre los océanos en la página 17.

Anota las palabras nuevas.

Haz preguntas. Cuando no entiendas algo, pide ayuda.

Aprende a entrevistar

Las entrevistas son una manera divertida de aprender. En una **entrevista,** le haces preguntas a alguien. La otra persona contesta tus preguntas. Este capítulo te enseñará cómo hacer una entrevista.

Una doctora muy especial

Carmen entrevistó a Elena Tello. La Dra. Tello es una veterinaria (una médica para animales) y es sorda. Al final de este capítulo, verás lo que aprendió Carmen.

Antes de la entrevista

- **Anota** las preguntas que quieres hacer. Piensa en preguntas que comiencen con **por qué, cómo** y **qué**.

  ¿Por qué se hizo veterinaria?

  ¿Cómo le fue en la escuela?

- **Fija** una hora y un lugar para la entrevista.

- **Reúne** tus materiales. Necesitas tu lista de preguntas y dos lápices con punta.

Durante la entrevista

- **Preséntate** a la persona que vas a entrevistar.
- **Haz** tus preguntas, una por una.
- **Escucha** bien las respuestas.
- **Toma** notas.
- Al final, **dale las gracias** a la persona.

¿Por qué se hizo veterinaria?

– siempre me gustaron mucho los animales

– jugaba con animales de peluche

¿Cómo le fue en la escuela?

¡Gracias!

Después de la entrevista

- **Comenta** lo que aprendiste.

Aquí está el informe que hizo
Carmen sobre su entrevista.

Mi entrevista

Elena Tello es una veterinaria.
Además, es sorda.

A la Dra. Tello siempre le han
gustado mucho los animales. Cuando
era niña, jugaba con sus animales de
peluche. Fue difícil para ella aprender
en la escuela. A veces, sus amigos la
ayudaban a tomar notas.

¿Quieres saber cómo pudo
entender mis preguntas la Dra. Tello?
Pues muy fácil: me leyó los labios.
También puede hablar sin ningún
problema. Me gustó mucho entrevistar
a la Dra. Tello.

Representa cuentos

¿Alguna vez has querido hacer una representación de un cuento? Eso es lo que hicieron Dina y sus amigos. Leyeron un cuento de Dina en un teatro de lectores.

El teatro de lectores

En un teatro de lectores no tienes que aprenderte tu papel de memoria. ¡Lo lees! Este capítulo te enseñará a hacer un plan para representar un cuento así.

¡Miau!

Tu plan de acción

1 **Elige un cuento** ● Escoge un cuento que tenga personajes que hablen mucho entre sí.

2 **Forma un grupo** ● Necesitas un lector para cada personaje y un narrador para leer las partes en que los personajes no hablan.

3 **Marca las partes habladas** ● Marca lo que cada personaje y el narrador deben decir. También puedes escribir el cuento en forma de guión. (Mira los ejemplos de las siguientes dos páginas.)

4 **Practica** ● Decidan quién va a representar cada papel y dónde van a sentarse o a pararse. Luego, practiquen.

MODELO: Cuento

Aquí está la primera parte del cuento de Dina. En la otra página verás su guión.

El elefante amarillo: Primera parte

Un día, Ernesto fue a pescar solo.

—No hables con ningún elefante amarillo —le dijeron sus papás.

—¡De acuerdo! —les dijo Ernesto.

Fue al mejor sitio que hay para pescar. Estaba muy emocionado porque había agarrado 10 pescados. Luego, llegó la hora de regresar a su casa. En el camino, vio a un elefante amarillo.

—¡Hola! —le dijo el elefante.

—Mi papás no quieren que hable con elefantes amarillos —le dijo Ernesto.

—Pero estoy perdido —dijo el elefante.

—Bueno, te llevaré a mi casa —dijo Ernesto.

—¡Perfecto! —dijo el elefante.

—Vamos —dijo Ernesto. Y se fueron caminando juntos.

MODELO: Guión

El elefante amarillo
Primera parte

NARRADOR: Un día, Ernesto fue a pescar solo.

MAMÁ Y PAPÁ: No hables con elefantes amarillos, Ernesto.

ERNESTO: De acuerdo; no lo haré.

NARRADOR: Ernesto fue al mejor sitio que hay para pescar. Estaba muy emocionado porque había agarrado 10 pescado. Luego, llegó la hora de regresar a su casa. En el camino, vio a un elefante amarillo.

ELEFANTE: ¡Hola!

ERNESTO: Mi papás no quieren que hable con elefantes amarillos.

ELEFANTE: Pero estoy perdido.

ERNESTO: Bueno, te llevaré a mi casa. Ven.

ELEFANTE: ¡Perfecto!

NARRADOR: Y se fueron caminando juntos.

IDEA Para hacer un guión, tal vez tengas que cortar o cambiar algunas palabras del cuento.

IDEAS para representar

Sigue estos consejos cuando estés listo para representar el cuento:

DI el nombre del cuento.

LEVANTA la vista de vez en cuando mientras lees.

- Cada personaje debe mirar al personaje con quien habla.
- El narrador debe mirar al público.

HABLA en voz alta y clara.

CONTINÚA aunque alguien se equivoque.

TOMA a tus compañeros de la mano y hagan todos juntos una reverencia al final de la representación.

Importante: Pueden ponerse disfraces, siempre y cuando sean sencillos.

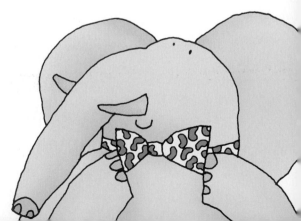

El próximo paso

Aquí está la segunda parte del cuento que escribió Dina. Trata de escribir un guión para esta parte. Luego, practica el cuento y ¡represéntalo!

El elefante amarillo: Segunda parte

—¡Mamá! ¡Papá! —gritó Ernesto—. ¡Traigo un elefante amarillo!

—Llévatelo. Es peligroso —dijeron sus padres.

—No —dijo Ernesto—. No es peligroso.

—Llévatelo —volvieron a decir.

Ernesto se lo llevó. Cuando regresó a su casa, ya era hora de irse a la cama.

A la mañana siguiente, oyó algo. Era un pájaro amarillo en una jaula.

—Soy el elefante amarillo —susurró el pájaro.

Ernesto pidió permiso para quedarse con el pájaro, y le dijeron que sí.

Colgó la jaula en su cuarto y, desde entonces, los dos han guardado el secreto.

Cuenta cuentos

A veces, alguien te cuenta un cuento tan bueno que te dan ganas de contárselo a todos tus amigos. Eso puede pasarte con los cuentos populares. Y también con los cuentos de hadas y con las leyendas.

Había una vez...

Este capítulo te ayudará a contar un cuento. Primero, vas a leer un cuento popular. (Lo puedes usar de práctica.) Luego, te damos algunos buenos consejos para contar cuentos.

MODELO: Cuento

Los tres chivitos

Había una vez tres chivitos. Querían subir al monte para comer, pero para llegar ahí tenían que cruzar un puente. Debajo del puente vivía un duende muy feo y muy malo.

El chivito más chico fue el primero en cruzar el puente. *¡Trip, trop! ¡Trip, trop! ¡Trip, trop!*

—¿Quién hace tanto ruido en mi puente? —gritó el duende.

—Soy yo, el chivito chiquito. Voy a subir al monte para comer —dijo el chivito, asustado.

—¡Grrrr, te voy a devorar! —dijo el duende.

—No me comas —dijo el chivito—. Yo estoy muy chiquito. Mejor espera a mi hermano, el chivito medianito. Él es más grande.

—Está bien —dijo el duende.

Luego, el chivito medianito cruzó el puente. *¡Trip, trop! ¡Trip, trop! ¡Trip, trop!*

—¿Quién hace tanto ruido en mi puente? —gritó el duende.

—Soy yo, el chivito mediano. Voy a subir al monte para comer.

—¡Grrrr, te voy a devorar! —dijo el duende.

—No me comas. Todavía no estoy muy grande —dijo el chivito mediano—. Espera a mi hermano, el chivo mayor. Él es mucho más grande.

—Está bien —dijo el duende.

En ese momento, el chivo mayor cruzó el puente. *¡Trip, trop! ¡Trip, trop! ¡Trip, trop! ¡Trip, trop!* Era muy, muy grande.

—¿Quién hace tanto ruido en mi puente? —gritó el duende.

—Soy yo, el chivo mayor —dijo muy valiente el chivo, en voz alta.

—¡Grrrr, te voy a devorar! —dijo el duende.

—¿Ah, sí? ¡No me digas! ¡Antes, yo te haré pedacitos! —dijo el chivo mayor.

El duende se lanzó a atrapar al chivo, ¡pero el chivo mayor le dio su merecido! Poco después, el chivo mayor se fue al monte con sus hermanos.

Allá arriba los tres chivitos comieron tanto que casi no pudieron caminar de regreso a su casa.

Y... colorín colorado, este cuento se ha acabado.

IDEAS **para contar cuentos**

ELIGE un cuento que te guste y que no sea demasiado largo.

ESCRIBE la primera parte y la última parte en tarjetas diferentes. Así, si quieres, puedes tener el comienzo y el final siempre a mano.

PRACTICA tu cuento. Imagínatelo mientras lo cuentas.

HAZ más tarjetas, si las necesitas. Escribe frases que te ayuden a recordar las partes principales del cuento.

HABLA con tu mejor voz. Usa la expresión apropiada. (Y no hables muy rápido.)

CUÉNTALE el cuento a tus compañeros o a tu familia.

Presenta informes orales

¿Coleccionas algo? ¿Sabes cómo hacer alguna cosa? ¿Acabas de leer sobre algún tema interesante?

Cuenta y enseña

Un informe te permite compartir con los demás las cosas que sabes. En un **informe oral** haces dos cosas: cuentas y enseñas. Cuentas los datos más importantes sobre tu tema. Y enseñas fotografías, dibujos o ejemplos que ilustren tu tema.

Haz un plan

Al **principio**...

- Presenta tu tema de manera interesante.

En el **medio**...

- Da algunos datos sobre tu tema.
- Enseña ilustraciones, gráficas o ejemplos.

Al **final**...

- Di por qué el tema es importante para ti o para otros.

Para recordar tus ideas principales, anótalas en tarjetas.

Presenta el informe

- **Habla** en voz alta. (¡No hables demasiado rápido!)
- **Mira** a tus compañeros.
- **Trata** de no moverte demasiado.

Destrezas de aprendizaje

¡Organízate!

Para jugar a las damas, tienes que organizarte. Tienes que juntar todas las fichas y ponerlas de la manera correcta.

Piensa por escrito

Cuando piensas en un tema importante, también tienes que organizarte. Este capítulo te enseñará cómo hacerlo.

Haz un mapa de ideas

Un **mapa de ideas** te ayuda a recordar detalles sobre un tema. Escribe el tema en el centro de una hoja de papel. Enciérralo en un círculo. Luego, escribe los detalles a su alrededor.

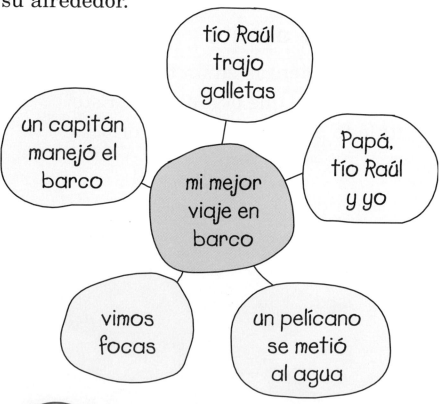

Un **mapa de ideas** te ayuda a recordar detalles cuando escribes una narración personal.

¡Descríbelo!

Para prepararte para describir algo, puedes usar una **rueda de detalles** como la de abajo. Pon lo que vas a describir en el centro de la rueda. En cada una de las secciones anota las palabras que lo describan.

Puedes escribir lo que ves, oyes, sientes, hueles o saboreas.

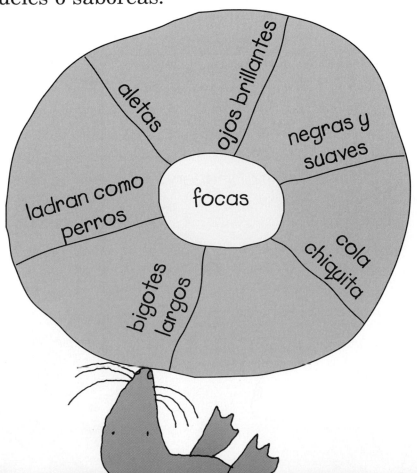

Compara dos temas

Un **diagrama de Venn** sirve para comparar dos temas. Tiene tres espacios.

En los espacios 1 y 2 escribes las cosas en que se diferencian los temas. En el espacio 3 escribes en qué se parecen.

Espacio 1

Espacio 3

Espacio 2

Oso Polar
- blanco
- caza junto al mar
- vive en el Ártico

- fuertes y rápidos
- comen moras
- viven en madrigueras

Oso Pardo
- color café
- caza lejos del mar
- vive en Canadá y Alaska

Haz el mapa de un cuento

Un **mapa de un cuento** te sirve para recordar las partes importantes del cuento. Puedes escribir o dibujar las partes del cuento.

Cenicienta

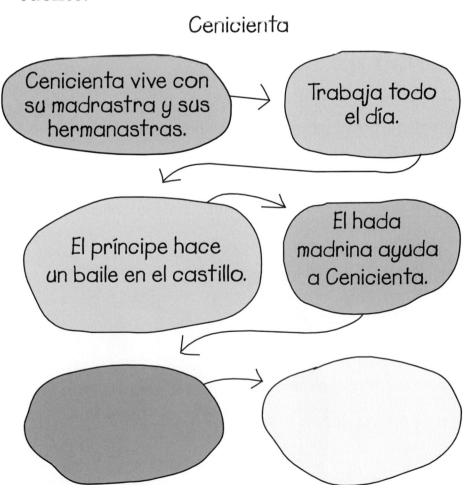

Trabaja en grupo

Todos trabajamos en grupo. Los médicos y los bomberos trabajan en grupo, ¡igual que los niños de segundo grado!

Forma un equipo

¿Por qué trabajamos en grupo? ¡Porque es más fácil! ¿Qué deben hacer todos los miembros de un grupo? Deben llevarse bien y esforzarse por hacer el mejor trabajo posible.

IDEAS para organizarse

HABLEN sobre la tarea o el trabajo con los miembros de tu grupo. Todos deben entenderlo bien.

COMPARTAN sus ideas. Cada persona debe esperar su turno para hablar y todos deben prestar atención.

HAGAN un plan para terminar el trabajo. Todos deben tener una tarea.

ESCRIBAN su plan.

Plan del grupo

1. El trabajo es <u>organizar una fiesta</u>.

2. Tiene que estar para el día <u>viernes</u>.

3. Cosas que tenemos que hacer:

   - Jorge y Lupe traerán galletas.
   - Pepe y Talía harán un cartel.
   - Lupe escribirá un discurso de bienvenida.

Los exámenes

En la escuela hay mucho que hacer. Lees y escribes. Practicas nuevas destrezas. Construyes cosas. ¡Y tomas exámenes!

Muestra lo que has aprendido

Los exámenes no son lo más divertido del mundo. Pero son importantes. Este capítulo te resultará muy útil para saber cómo tomar un examen.

Emparejamiento

Un examen de **emparejamiento** te da dos listas de palabras. Tienes que encontrar las palabras de cada lista que van juntas.

- Lee cada lista con cuidado.

- Luego, empieza con la primera palabra de la columna de la izquierda. Trata de emparejarla con cada palabra de la otra lista hasta que encuentres una que haga pareja.

Ejemplo:

PALABRAS COMPUESTAS

Instrucciones: Traza una línea entre las palabras de cada lista que van juntas.

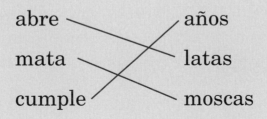

abre   años

mata   latas

cumple   moscas

Opciones múltiples

Un examen de **opciones múltiples** te da una lista de oraciones incompletas. Elige la mejor opción para completar cada oración.

- Lee la oración con cada opción.

- Lee la oración de nuevo con la opción que te parezca mejor. Asegúrate de que tenga sentido.

Ejemplo:

ANIMALES DE GRANJA

Instrucciones: Rellena el círculo que está antes de la palabra que mejor completa la oración.

1. Un toro bebé se llama _____.

   (a) vaca **(b) ternero** (c) venado

2. Un grupo de ovejas se llama _____.

   (a) toro (b) banda **(c) rebaño**

Espacios en blanco

Un examen de **espacios en blanco** te da una lista de oraciones que debes completar. Debes escribir la palabra o palabras correctas en los espacios en blanco.

- Lee bien cada oración.

- Cuenta los espacios que debes llenar.

- Asegúrate de que tu respuesta tiene sentido.

Ejemplo:

LOS DÍAS DE LA SEMANA

Instrucciones: Completa cada oración con la palabra correcta.

1. El ___lunes___ es el primer día de la semana.

2. El ___sábado___ y el ___domingo___ son los días del fin de semana.

Respuestas breves

Un examen de **respuestas breves** te hace preguntas que debes contestar con oraciones.

- Lee la pregunta.

- Piensa en tu respuesta.

- Escribe tu oración. Usa algunas palabras de la pregunta en tu oración.

Ejemplo:

EL TIEMPO

Instrucciones: Responde a cada pregunta con una oración completa.

1. ¿De qué están hechas la nubes?
   Las nubes están hechas de gotitas de agua.

2. ¿Qué es un huracán?
   Un huracán es un viento muy fuerte que gira en grandes círculos.

IDEAS **para los exámenes**

ESCRIBE tu nombre en el examen.

ESCUCHA mientras tu maestro explica las instrucciones.

HAZ preguntas si no entiendes algo.

RESPONDE todas las preguntas que te sepas.

SÁLTATE las preguntas que no estés seguro cómo contestar.

Luego, **VUELVE** a las preguntas que no contestaste.

¡Asegúrate de contestar todas las preguntas!

La GUÍA del corrector

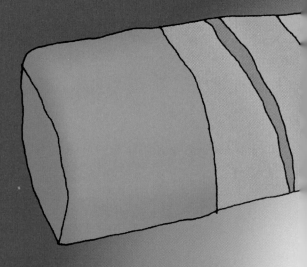

Nuestro idioma

Podemos clasificar todas las palabras que usamos en nueve grupos. Estos grupos se llaman **partes de la oración**.

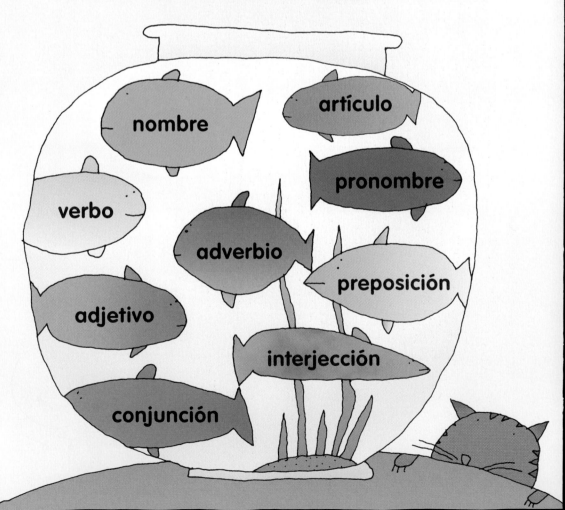

¿Qué es un nombre?

Un **nombre** se refiere a una persona, un lugar o una cosa.

niña   casa   bicicleta

Puede ser **común** o **propio**.

común: niño   calle

propio: Alfredo   Calle del Pino

Puede ser **masculino** o **femenino**.

masculino: niño   piso

femenino: niña   mesa

Puede estar en **singular** o en **plural**.

singular: vecino   casa

plural: vecinos   casas

¿Qué es un artículo?

Un **artículo** es una palabra que se pone antes del nombre.

la niña   **una** casa   **los** pisos

Los artículos **determinados** son *el, la, los, las*.

el carro   **la** silla   **las** flores

Los artículos **indeterminados** son *un, una, unos, unas*.

un carro   **una** ola   **unas** flores

El artículo concuerda con el nombre en **género** (masculino o femenino) y **número** (singular o plural).

el muchacho   **unas** amigas

¿Qué es un pronombre?

Un **pronombre** es una palabra que toma el lugar de un nombre. Éstos son algunos pronombres:

yo	ella	mía	ustedes
él	le	les	nosotros
le	nos	suyo	tuyo
mí	me	ellas	usted
tú	ti		

¿Cómo se usa?

Los pronombres se ponen en lugar de los nombres en las oraciones.

Sara juega fútbol.

Ella juega fútbol.

(*Ella* es un pronombre.)

Carlos hizo galletas.

Él las hizo.

(*Él* y *las* son pronombres.)

¿Qué es un verbo?

Un **verbo** muestra una acción o ayuda a completar un pensamiento o una idea.

Antonio **escribe** un cuento.

¡El Sr. Hernández **está** muy enojado!

Algunos verbos describen algo que pasa en este momento, en el **presente**.

Jorge **nada** en la piscina.

Algunos verbos describen algo que pasó antes, en el **pasado**.

Beatriz **bañó** a su perro.

Algunos verbos describen algo que pasará después, en el **futuro**.

Manuel y Andrea **irán** a la playa.

Los verbos regulares se conjugan de acuerdo a tres terminaciones:

1ra bail**ar**:   bailo   bailé   bailaré

2da ced**er**:   cedo   cedí   cederé

3ra viv**ir**:   vivo   viví   viviré

Las conjugaciones

1ra conjugación		PRESENTE	PRETÉRITO IMPERFECTO
Modelo: AMAR	yo	amo	amaba
	tú	amas	amabas
	él/ella	ama	amaba
	nosotros	amamos	amábamos
	vosotros	amáis	amabais
	ellos (ustedes)	aman	amaban

2da conjugación		PRESENTE	PRETÉRITO IMPERFECTO
Modelo: COMER	yo	como	comía
	tú	comes	comías
	él/ella	come	comía
	nosotros	comemos	comíamos
	vosotros	coméis	comíais
	ellos (ustedes)	comen	comían

3ra conjugación		PRESENTE	PRETÉRITO IMPERFECTO
Modelo: VIVIR	yo	vivo	vivía
	tú	vives	vivías
	él/ella	vive	vivía
	nosotros	vivimos	vivíamos
	vosotros	vivís	vivíais
	ellos (ustedes)	viven	vivían

PRETÉRITO INDEFINIDO	FUTURO	PRETÉRITO PERFECTO
amé	amaré	he amado
amaste	amarás	has amado
amó	amará	ha amado
amamos	amaremos	hemos amado
amasteis	amaréis	habéis amado
amaron	amarán	han amado

PRETÉRITO INDEFINIDO	FUTURO	PRETÉRITO PERFECTO
comí	comeré	he comido
comiste	comerás	has comido
comió	comerá	ha comido
comimos	comeremos	hemos comido
comisteis	comeréis	habéis comido
comieron	comerán	han comido

PRETÉRITO INDEFINIDO	FUTURO	PRETÉRITO PERFECTO
viví	viviré	he vivido
viviste	vivirás	has vivido
vivió	vivirá	ha vivido
vivimos	viviremos	hemos vivido
vivisteis	viviréis	habéis vivido
vivieron	vivirán	han vivido

Verbos regulares

Muchos verbos son **regulares**. Eso quiere decir que forman los tiempos siguiendo siempre el modelo de su conjugación.

Yo bailo.	Ayer bailé.	Mañana bailaré.
Yo cedo.	Ayer cedí.	Mañana cederé.
Yo subo.	Ayer subí.	Mañana subiré.

Verbos irregulares

Un verbo es **irregular** si alguna de sus formas no se conjuga según el modelo. En este cuadro se dan algunos ejemplos.

Verbo	Algunas formas irregulares
andar	anduve, anduviste
caber	quepo, cupe, cabremos
dar	doy, di, diste, dieron
estar	estuve, estuviste, estuvo
hacer	hago, hice, hizo, hicimos
jugar	juego, juegan
oler	huelo, hueles, huelen

¿Qué es un adjetivo?

Un **adjetivo** sirve para describir un nombre o un pronombre.

Mi suéter es **rojo**.

Una pitón es una serpiente **gigante**.

Un **adjetivo** debe concordar con el nombre en **género** y **número**.

Un oso hormiguero hambrient**o** puede comer cientos de hormigas pequeñ**as**.

Esa ardilla se esconde en aquell**os** árboles.

A nuestr**o** loro le gusta que le rasquen l**as** alas.

Otras partes de la oración

Un **adverbio** sirve para describir un verbo.

Ema corrió **rápidamente**.

Una **preposición** se usa para mostrar la relación que hay entre dos partes de la oración.

Las llaves están **sobre** la mesa.

José se sentó **en** el piso.

Una **conjunción** une dos palabras o ideas.

Yo voy a bailar **o** a cantar.

Primero lloré **y** después me reí.

Un **interjección** demuestra emoción.

¡Caramba! ¿Viste ese avión?

¡Uy! ¡Qué rápido pasó!

La oración

¿Qué necesito saber?

Una **oración** da una idea completa
y tiene dos partes.
1. El **sujeto** nombra
   algo o a alguien.
2. El **predicado** dice lo
   que hace el sujeto.

Mi **mamá maneja un autobús**.
    sujeto   **predicado**

Las **oraciones** comienzan con
mayúscula y terminan con un punto.
También pueden estar entre signos de
interrogación o de exclamación.

→ **Mi** abuelo toca la guitarra. ←

Tipos de oraciones

Una **oración enunciativa** hace una declaración.

El fútbol es mi juego favorito.

Una **oración interrogativa** hace una pregunta.

¿Quieres jugar conmigo?

Una **oración imperativa** da instrucciones o un mandato.

Cierra la puerta.

Una **oración exclamativa** expresa una emoción fuerte.

¡Cuidado con la pelota!

La mecánica del lenguaje

Tener reglas nos sirve para muchas cosas. Hay reglas que nos ayudan a evitar accidentes. Hay reglas que nos dicen cómo jugar un juego. También hay reglas que nos ayudan a escribir mejor.

Reglas para escribir mejor

Este capítulo te da las reglas sobre la **mecánica del lenguaje**. Aprenderás cómo usar mayúsculas, cómo hacer plurales y mucho más.

Acuérdate: ¡Si sigues las reglas, escribirás mejor!

Mayúsculas

Usamos mayúsculas:

En la primera palabra de una oración

➚ Las luciérnagas iluminan el jardín.

En la primera palabra cuando alguien empieza a hablar

El Sr. Sánchez dijo: ➚—Mira esta telaraña.

En los nombres propios y en los títulos

➜ Juanita Menéndez

➜ Dr. Moreno

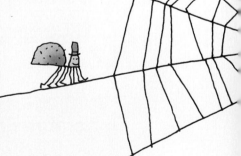

En los nombres de fiestas y otros días especiales

➚ Navidad   Día del Trabajo

También usamos mayúsculas:

En la primera palabra de los títulos de libros, cuentos y poemas

→ El tapiz de la abuela (libro)

"Perdido en el bosque" (cuento)

"Se vende un elefante" (poema)

En cada palabra importante de los títulos de revistas y periódicos

Béisbol Hoy (revista)

El Comercio (periódico)

En nombres de lugares

→ Canadá   monte Everest

Sonora   Calle Reforma

La Paz   río Amazonas

Plurales

Para formar plurales, debes:

Añadir una *s* a los nombres que terminan en las vocales *a, e, o*.

ala – alas ← ojo – ojos ←

Añadir -*es* a los nombres que terminan en consonante o en las vocales *i* o *u*.

papel – papel**es** ← jabalí – jabal**íes** ←

Cambiar la *z* a *c* y añadir -*es* cuando el nombre termina en *z*.

vez – ve**ces** ← lombriz – lombri**ces** ←

Algunas palabras que terminan en *s* no cambian en plural.

el miércoles – los miércoles

Acentos

Un **acento** es un símbolo que va en algunas palabras y muestra cómo se pronuncian. Algunas palabras llevan acento y otras no.

Clases de palabras:

En las palabras **agudas** pronunciamos con más fuerza la última sílaba:

ha**blar**   ro**sal**   le**yó**

En las palabras **llanas** o **graves** pronunciamos con más fuerza la penúltima sílaba:

libro   za**pa**to   **dá**til

En las palabras **esdrújulas** pronunciamos con más fuerza la antepenúltima sílaba:

símbolo   **pá**jaro   **á**guilas

Las palabras que llevan acento son:

* Todas las palabras agudas que terminan en vocal, en *n* o en *s*.

* Todas las palabras llanas o graves que no terminan en vocal, en *n* o en *s*.

* Todas las palabras esdrújulas.

Para saber si necesitas un acento, determina qué sílaba se pronuncia con más fuerza y luego sigue las reglas.

Diéresis

La diéresis se usa:

Para indicar que hay que pronunciar la *u* de *güe* y *güi*.

↓ agüita   ↓ pingüino   ↓ cigüeña

Abreviaturas

Una **abreviatura** es una forma más corta de escribir una palabra. La mayoría terminan con un punto.

Abreviaturas más comunes

antes del mediodía	a.m.
avenida	Ave.
capítulo	cap.
después del mediodía	p.m.
doctor	Dr.
doctora	Dra.
este	E
etcétera	etc.
norte	N
oeste	O
página	pág.
Señor	Sr.
Señora	Sra.
Señorita	Srta.
sur	S

Abreviaturas de los estados que se usan para el correo

Alabama	AL	Montana	MT
Alaska	AK	Nebraska	NE
Arizona	AZ	Nevada	NV
Arkansas	AR	New Hampshire	NH
California	CA	Nueva Jersey	NJ
Colorado	CO	Nuevo México	NM
Connecticut	CT	Nueva York	NY
Delaware	DE	North Carolina	NC
Distrito de Columbia	DC	North Dakota	ND
Florida	FL	Ohio	OH
Georgia	GA	Oklahoma	OK
Hawaii	HI	Oregon	OR
Idaho	ID	Pennsylvania	PA
Illinois	IL	Rhode Island	RI
Indiana	IN	South Carolina	SC
Iowa	IA	South Dakota	SD
Kansas	KS	Tennessee	TN
Kentucky	KY	Texas	TX
Louisiana	LA	Utah	UT
Maine	ME	Vermont	VT
Maryland	MD	Virginia	VA
Massachusetts	MA	Washington	WA
Michigan	MI	West Virginia	WV
Minnesota	MN	Wisconsin	WI
Mississippi	MS	Wyoming	WY
Missouri	MO		

Mejora tu ortografía

En español, algunas letras suenan casi igual. A veces, estas letras dan problemas con la ortografía. En las siguientes páginas encontrás una lista de palabras que tienen estas letras. Consúltala cuando tengas dudas al escribir o cuando estés revisando tu ortografía.

C - S - Z

abrazar

asar

casa

caza

cebolla

cebra

ceder

celo

cena

cepillo

cerrar

ciego

cielo

ciento (100)

cine

cita

ciudad

cocer

coser

has (de *haber*)

haz (de *hacer*)

meces (de *mecer*)

meses (del año)

risa

rizar

rosa

rozar

seda

serio

siento

sierra

ves (de *ver*)

vez

zumo (jugo)

h - sin h

ablandar	**h**arte (de *hartar*)
abeja	**h**ay
abrir	**h**aya (de *haber*)
agosto	**h**echo (de *hacer*)
águila	**h**ilo
a**h**orca (de *ahorcar*)	**h**ola
ala	**h**oja
alto	**h**ombre
arte	**h**ondo
Asia	**h**ora
¡ay! (interjección)	ojo
aya	ola
echo (de *echar*)	olor
enojar	olla
entender	onda
erizo	orca
hacer	oro
hacia	uña
hablar	usar
halla (de *hallar*)	útil
hambre	

b - v

baño

barón

baso (de *basar*)

base

basta (es suficiente)

baya

bello (bonito)

beses (de *besar*)

bienes

bota

bote

búho

envase

hierba

hierva (de *hervir*)

rebelar

revelar (descubrir)

sabio

savia (líquido de
      vegetales)

vaho

vano

varón (masculino)

vaso

vasto

vello

venda

vender

vienes (de *venir*)

vivir

vota

veces

ll - y

aboyar (poner
    boyas)

abollar

apoyar

se cayó (de *caerse*)

callo (dureza en la
    piel)

callo (de *callar*)

enrollar

enjoyar

halla (de *hallar*)

haya (de *haber*)

llama

llamar

llanta

llave

lluvia

malla

maya

raya (—)

rallar

tallar

vaya

valla

ya

yate

g - j

agito (de *agitar*)

ajo, ajito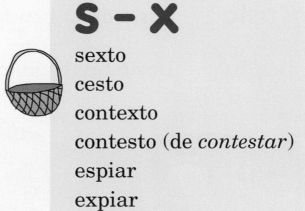

gemelo

gente

gigante

girasol

ingerir (tomar por la boca)

injerir (insertar)

jefe

jinete

jirafa

s - x

sexto

cesto

contexto

contesto (de *contestar*)

espiar

expiar

La palabra correcta

Algunas palabras suenan igual, pero se escriben diferente y tienen distinto significado. Estas palabras se llaman **homófonos**. Consulta esta lista para asegurarte de que estás usando la palabra correcta.

ay ¡Ay, mira esa araña!

hay Hay una araña en la pared.

asta Pusieron la bandera en el asta.

hasta Llovió hasta la mañana.

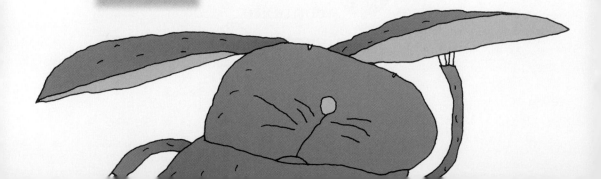

baso — Yo **baso** mi opinión en lo que leí.

vaso — Voy a tomar un **vaso** de agua.

beses — ¡No **beses** al perro!

veces — A **veces** le gusta jugar sola.

callo — Yo me **callo**; no quiero hablar.

cayo — Amarramos el bote en un **cayo**.

casar — Mi hermana se va a **casar**.

cazar — Está prohibido **cazar** leones.

tubo — Se rompió el **tubo** del agua.

tuvo — Mi papá **tuvo** que arreglarlo.

El uso de la puntuación

Los signos de puntuación

La señal de "alto" quiere decir que debemos parar. La señal de "despacio" indica que debemos ir despacio. Estas señales son importantes.

Alto y siga

Los **signos de puntuación** son señales que usamos al escribir. Por ejemplo, usamos un punto para señalar el alto al final de una oración. En este capítulo aprenderás el uso correcto de la puntuación.

Punto

Ponemos un punto:

Al final de una oración

Ana y Juan son hermanos.

Después de una abreviatura

Sr. Planta

Sra. Flor

Dr. Hierba

Entre dólares y centavos

Tengo $2.25 en mi bolsillo.

Signos de interrogación

Usamos signos de interrogación:

Para hacer una pregunta

¿Quién se comió mi almuerzo?

Signos de exclamación

Usamos signos de exclamación:

Con palabras de mucha emoción

¡Caramba! ¡Chévere!

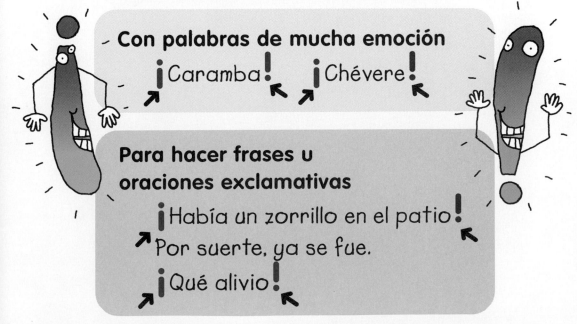

Para hacer frases u oraciones exclamativas

¡Había un zorrillo en el patio!
Por suerte, ya se fue.
¡Qué alivio!

Coma

La coma se usa:

Entre una ciudad y el estado

El Paso, Texas

Para hacer más claros los números grandes

¡Mi hermano quiere ahorrar $10,000!

Después de la despedida en una carta

Con cariño,
Liz

También usamos coma:

Entre los nombres de una serie

Me encantan el rojo, el azul, el amarillo, el verde y el rosa.

(No se pone una coma entre las palabras que están unidas por *y*.)

Para separar el nombre de la persona a quien se le habla

Mira, Claudia, ¡una ballena!

Una coma parece un punto con una colita (,).

Comillas

Las comillas se usan:

Antes y después de lo que una persona piensa

Samuel pensó: **"**Voy a escribir un cuento**"**.

En los títulos de cuentos y poemas

El cuento se llama **"**Mi mascota**"**.

Subrayado

Usamos el subrayado:

En los títulos de libros y revistas

Acabo de leer El camino de Amelia.

Raya

Usamos la raya:

Para mostrar que alguien está hablando

—Quiero una zanahoria —dijo Alma.

—Toma una. Están sobre la mesa

—dijo su mamá.

Fíjate que la primera raya nos muestra cuando alguien comienza a hablar. Las otras marcan el inicio de una explicación sobre el diálogo.

El ALMANAQUE del estudiante

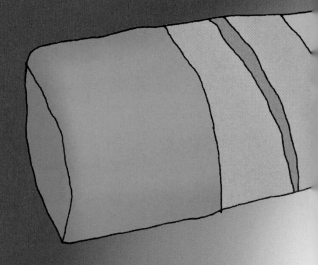

1945

EE.UU. se une a las Naciones Unidas.

1959

Hawaii se convierte en el estado número 50 de EE.UU.

1940 **1945** **1950** **1955**

1955

Se funda la primera estación de televisión en español.

1947

Jackie Robinson se convierte en el primer jugador afroamericano en las grandes ligas.

1950

Se vende la primera televisión a colores.

Historia de los Estados Unidos

1965

César Chávez organiza una huelga de agricultores.

1969

Los primeros hombres llegan a la Luna.

1976

EE.UU. celebra su bicentenario.

1960   1965   1970   1975   1980

1969

Empieza el programa de televisión *Plaza Sésamo*.

1973

Roberto Clemente se convierte en el primer jugador latino en entrar al Salón de la Fama de Béisbol.

1975

Se lanza al mercado la primera computadora.

Descubrimientos y vida diaria

2000

Más de 25 millones de las personas que viven en los EE.UU. nacieron en otros países.

1988

EE.UU. observa el primer Día de Martin Luther King.

1990

Se lanza el telescopio Hubble.

| 1985 | 1990 | 1995 | 2000 |

1986

Franklin Chang-Díaz es el primer astronauta hispano.

1995

El químico Mario Molina gana el premio Nobel por investigar la capa de ozono.

1984

Aparecen los discos compactos (CDs).

Índice

Este **índice** te ayuda a encontrar información en tu manual. Por ejemplo, si quieres aprender a escribir un poema, debes buscar en el índice bajo "poemas" para encontrar ayuda.

Tablas y listas

Las tablas y listas de esta sección son muy interesantes. ¡Verás que también son muy útiles!

Lenguaje de señas

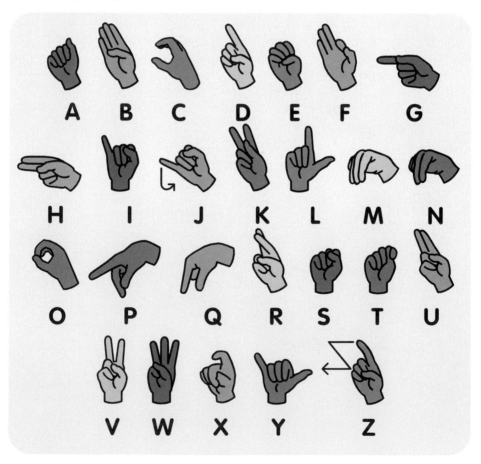

Alfabeto y numeración Braille

a	b	c	d	e	f	g	h	i	j
1	2	3	4	5	6	7	8	9	0

k	l	m	n	o	p	q	r	s	t

u	v	w	x	y	z	Seña para mayúscula	Seña para número

Números romanos

1	I	6	VI	11	XI
2	II	7	VII	12	XII
3	III	8	VIII	50	L
4	IV	9	IX	100	C
5	V	10	X	1,000	M

¡Hola! ¡Adiós!

Con ayuda de esta tabla, podrás decir "hola" y "adiós" en otros idiomas.

Idioma	Hola	Adiós
alemán	Guten Tag	Auf Wiedersehen
chino (dialecto mandarín)	dzău	dzàijyàn
farsi (Irán)	salaam سلام	khoda hafez خدا حافظ
francés	bonjour	au revoir
hebreo	shalom	shalom
inglés	hello	good-bye
quechua (América del Sur)	alli punchau	aywa
tagalog (Filipinas)	magandáng áraw	adyós

Velocidad de los animales

La velocidad de cada animal es para una distancia corta. Por ejemplo, una persona no puede correr 28 millas en una hora. Pero sí puede llegar a esa velocidad en una carrera corta.

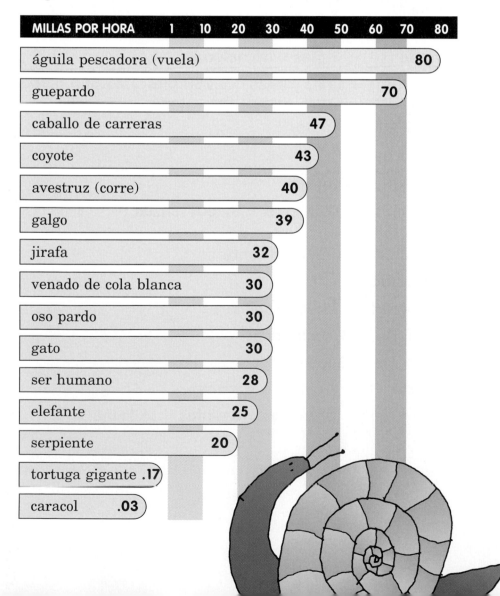

MILLAS POR HORA	1	10	20	30	40	50	60	70	80
águila pescadora (vuela)									80
guepardo								70	
caballo de carreras						47			
coyote					43				
avestruz (corre)					40				
galgo				39					
jirafa				32					
venado de cola blanca				30					
oso pardo				30					
gato				30					
ser humano			28						
elefante			25						
serpiente			20						
tortuga gigante	.17								
caracol	.03								

Medidas

Aquí tienes las unidades básicas del sistema de medidas que se usa en los Estados Unidos.

Longitud (a qué distancia está)

1 **pulgada** (pulg) _____ ← ·········· una pulgada

1 **pie** = **12 pulgadas**

1 **yarda** (yd) = **3 pies** = **36 pulgadas**

1 **milla** (mi) = **1,760 yardas** = **5,280 pies** = **63,360 pulgadas**

Peso (cuánto pesa)

1 **onza** (oz)

1 **libra** (lb) = **16 onzas**

1 **tonelada** = **2,000 libras** = **32,000 onzas**

Capacidad (cuánto contiene)

1 **cucharadita**

1 **cucharada** = **3 cucharaditas**

1 **taza** (tz) = **16 cucharadas**

1 **pinta** (pt) = **2 tazas**

1 **cuarto** (ct) = **2 pintas** = **4 tazas**

1 **galón** (gal) = **4 cuartos** = **8 pintas** = **16 tazas**

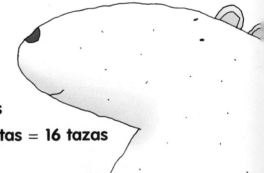

Sistema métrico

Aquí tienes algunas de las medidas más comunes del sistema métrico.

Longitud (a qué distancia está)

1 milímetro (mm) ⬝ ←········ *un milímetro*

 ········ *10 milímetros*

1 centímetro (cm) = **10 milímetros** ⎯⎯⎯

1 metro (m) = **100 centímetros** = **1,000 milímetros**

1 kilómetro (km) = **1,000 metros** =
100,000 centímetros = **1,000,000 milímetros**

Peso (cuánto pesa)

1 gramo (g)

1 kilogramo (kg) = **1,000 gramos**

Capacidad (cuánto contiene)

1 mililitro (ml)

1 litro (l) = **1,000 mililitros**

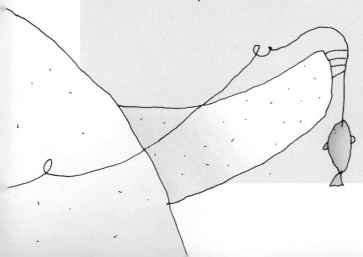

Nuestro sistema solar

Los nueve planetas del sistema solar giran alrededor del Sol:

Mercurio tiene el año más corto.

Venus es el planeta que gira más despacio. Tarda 243 días en dar una vuelta alrededor del Sol.

En **la Tierra** hay plantas, animales y personas.

En **Marte** hay menos gravedad que en la Tierra. Una persona de 50 libras pesaría unas 19 libras en Marte.

Júpiter es el planeta más grande. ¡Es 10 veces más grande que la Tierra!

Saturno tiene siete anillos. También tiene la mayor cantidad de lunas: 23.

Urano tiene aún más anillos: 15.

Neptuno es el planeta más frío.

Plutón es el planeta más pequeño.

Sol

Mercurio

Venus

Tierra

Marte

Júpiter

Saturno

Urano

Neptuno

Plutón

Mapas

Los **mapas** sirven para muchas cosas. Por ejemplo, si vas a una escuela nueva, un mapa te servirá para encontrar tus salones de clase, la cafetería o el gimnasio. Un mapa del tiempo te dice si te debes poner un abrigo.

Por todo el mundo

Los mapas de este capítulo te enseñan sobre distintos lugares del mundo y de los Estados Unidos. También aprenderás a leer mapas, y mucho más.

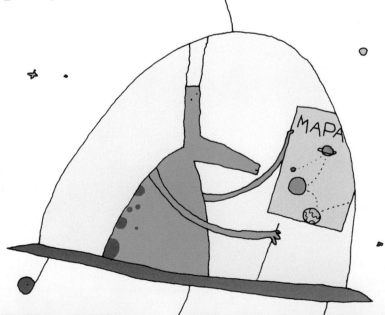

La rosa de los vientos

En muchos mapas verás un
símbolo como el de la derecha.
Se llama **rosa de los vientos** y sirve
para mostrar las cuatro direcciones:
norte, sur, este y oeste.

Si un mapa no tiene una rosa de los
vientos, es probable que el norte esté en la
parte de arriba de la página y el sur esté en
la parte de abajo. El oeste está a la izquierda
y el este a la derecha.

Leyendas y símbolos

Una **leyenda** es
una lista que explica
los símbolos usados en
un mapa. Los símbolos
son señales que dicen

ESTADOS UNIDOS

✪ Capital nacional
★ Capitales de los estados
--·-- Fronteras de los estados

qué hay en el mapa. Aquí tienes una leyenda
para el mapa de la página 301.

En esta leyenda hay tres **símbolos**. Hay
un símbolo para la capital nacional (✪), otro
para las capitales de los estados (★) y otro
para las fronteras de los estados (--·--).

El globo terráqueo

El mejor mapa del mundo es un globo terráqueo. Un **globo** muestra la Tierra tal como es: ¡redonda!

Ecuador
Primer Meridiano

Latitud y longitud

Las líneas de **latitud** rodean el globo. El **Ecuador** es la línea de latitud más famosa. Rodea el mundo justo a la mitad.

Las líneas de **longitud** van de arriba hacia abajo, del Polo Norte hasta el Polo Sur. El **Primer Meridiano** es la línea de longitud más famosa. Pasa por la ciudad de Greenwich, Inglaterra.

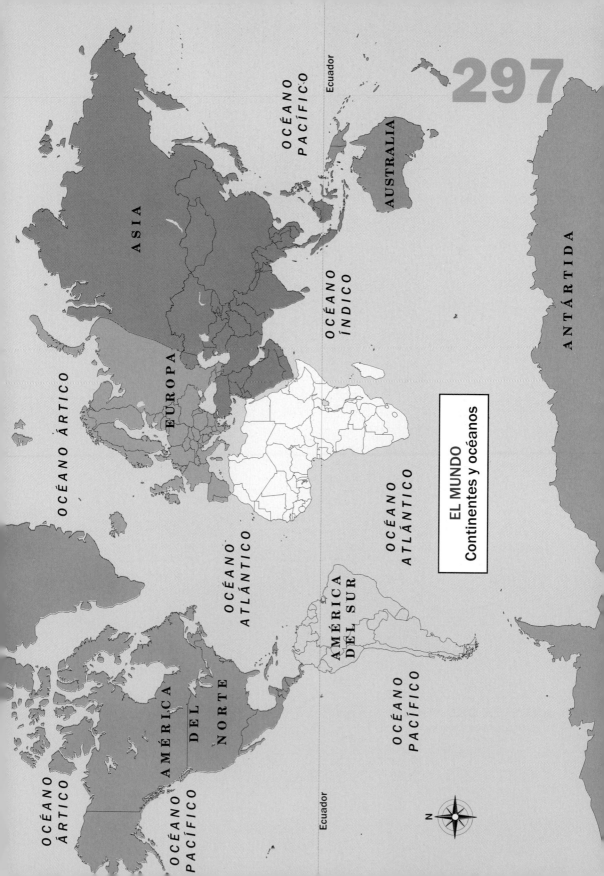

EL MUNDO
Continentes y océanos

ASIA

EUROPA

AUSTRALIA

ANTÁRTIDA

AMÉRICA
DEL SUR

AMÉRICA
DEL
NORTE

OCÉANO
PACÍFICO

OCÉANO
ÍNDICO

OCÉANO
ÁRTICO

OCÉANO
ÁRTICO

OCÉANO
ATLÁNTICO

OCÉANO
ATLÁNTICO

OCÉANO
PACÍFICO

OCÉANO
PACÍFICO

OCÉANO
PACÍFICO

Ecuador

Ecuador

N

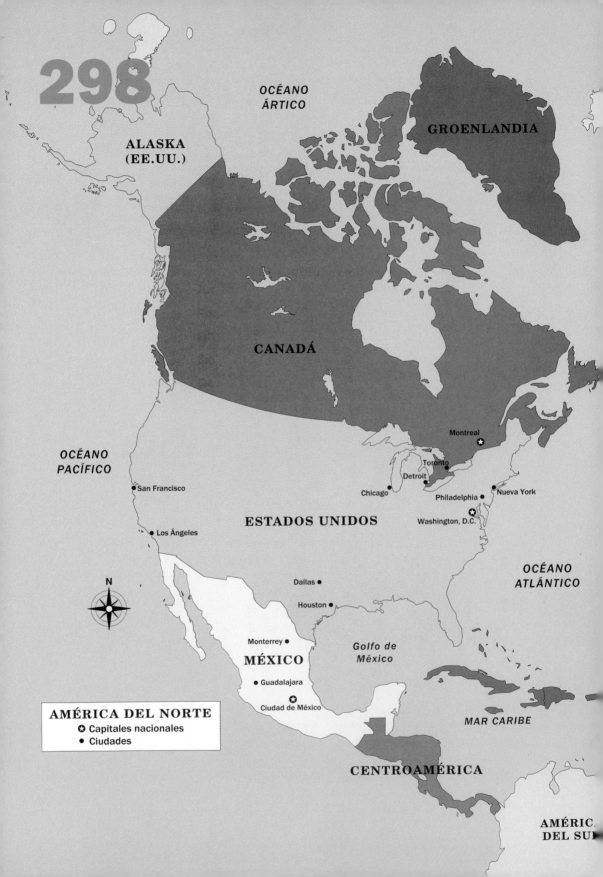

298

OCÉANO
ÁRTICO

ALASKA
(EE.UU.)

GROENLANDIA

OCÉANO
PACÍFICO

CANADÁ

Montreal ✪

Toronto

Detroit

San Francisco •

Chicago

Philadelphia

Nueva York •

ESTADOS UNIDOS

Washington, D.C. ✪

Los Ángeles •

OCÉANO
ATLÁNTICO

N

Dallas •

Houston •

MÉXICO

Golfo de
México

Monterrey •

• Guadalajara

MAR CARIBE

Ciudad de México ✪

AMÉRICA DEL NORTE
✪ Capitales nacionales
• Ciudades

CENTROAMÉRICA

AMÉRIC
DEL SU

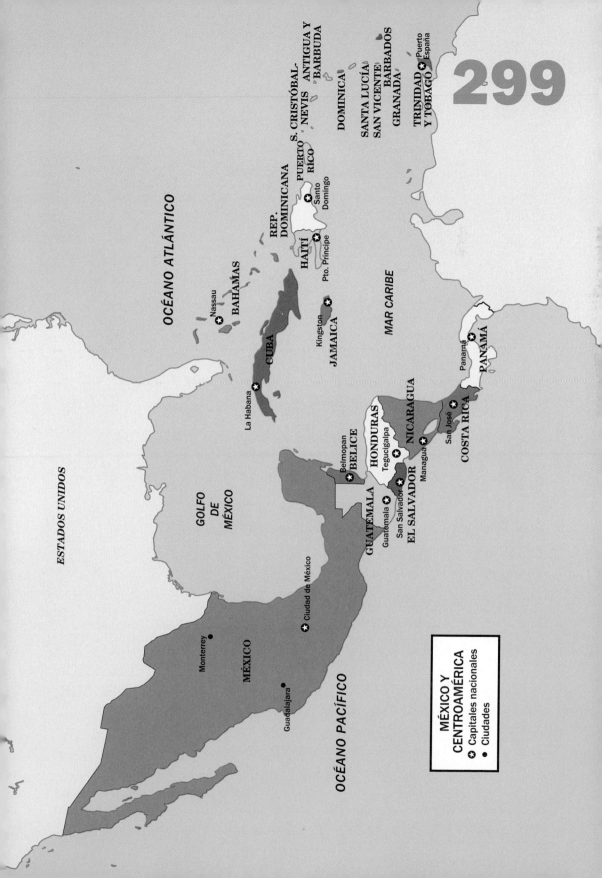

OCÉANO ATLÁNTICO

ESTADOS UNIDOS

GOLFO
DE
MÉXICO

BAHAMAS

Nassau

CUBA

La Habana

HAITÍ

Pto. Príncipe

REP.
DOMINICANA

Santo
Domingo

PUERTO
RICO

S. CRISTÓBAL-
NEVIS

ANTIGUA Y
BARBUDA

DOMINICA

SANTA LUCÍA
SAN VICENTE
GRANADA

BARBADOS

TRINIDAD
Y TOBAGO

Puerto
España

MAR CARIBE

Kingston

JAMAICA

PANAMÁ

Panamá

BELICE

Belmopan

HONDURAS

Tegucigalpa

NICARAGUA

Managua

COSTA RICA

San José

GUATEMALA

Guatemala

EL SALVADOR

San Salvador

Ciudad de México

MÉXICO

Monterrey

Guadalajara

OCÉANO PACÍFICO

MÉXICO Y
CENTROAMÉRICA
✪ Capitales nacionales
● Ciudades

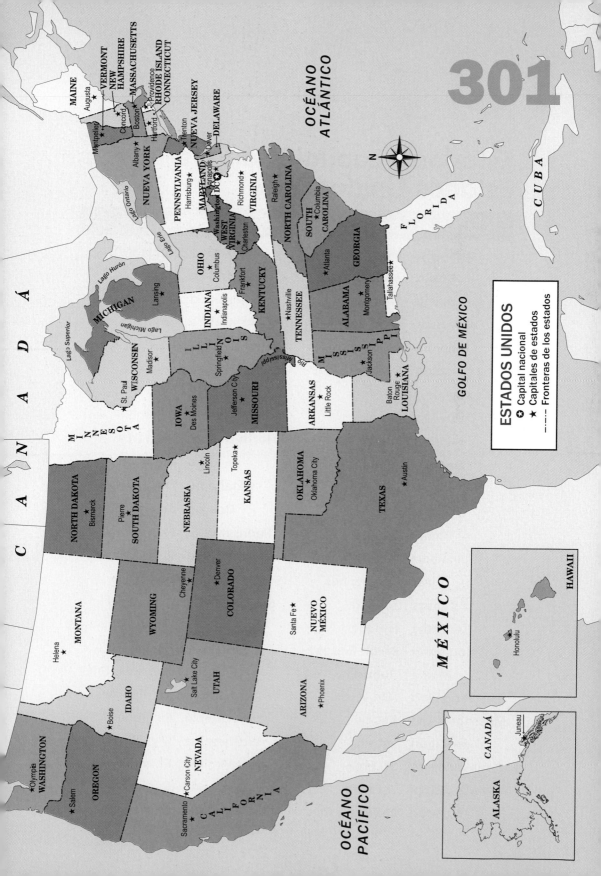

Estados y capitales de los Estados Unidos

Estado	Capital
Alabama	Montgomery
Alaska	Juneau
Arizona	Phoenix
Arkansas	Little Rock
California	Sacramento
Colorado	Denver
Connecticut	Hartford
Delaware	Dover
Florida	Tallahassee
Georgia	Atlanta
Hawaii	Honolulu
Idaho	Boise
Illinois	Springfield
Indiana	Indianapolis
Iowa	Des Moines
Kansas	Topeka
Kentucky	Frankfort
Louisiana	Baton Rouge
Maine	Augusta
Maryland	Annapolis
Massachusetts	Boston
Michigan	Lansing
Minnesota	St. Paul
Mississippi	Jackson
Missouri	Jefferson City

Estado	Capital
Montana	Helena
Nebraska	Lincoln
Nevada	Carson City
New Hampshire	Concord
Nueva Jersey	Trenton
Nuevo México	Santa Fe
Nueva York	Albany
North Carolina	Raleigh
North Dakota	Bismarck
Ohio	Columbus
Oklahoma	Oklahoma City
Oregon	Salem
Pennsylvania	Harrisburg
Rhode Island	Providence
South Carolina	Columbia
South Dakota	Pierre
Tennessee	Nashville
Texas	Austin
Utah	Salt Lake City
Vermont	Montpelier
Virginia	Richmond
Washington	Olympia
West Virginia	Charleston
Wisconsin	Madison
Wyoming	Cheyenne

Datos sobre los Estados Unidos

ESTADO MÁS GRANDE
Alaska: 586,412 millas cuadradas

ESTADO MÁS PEQUEÑO
Rhode Island: 1,214 millas cuadradas

CIUDAD MÁS GRANDE
Nueva York: 7,322,564 habitantes

RÍO MÁS LARGO
Río Mississippi: 2,470 millas de longitud

LAGO MÁS GRANDE
Lago Superior: 31,820 millas cuadradas

DESIERTO MÁS GRANDE
Desierto Mojave en California:
15,000 millas cuadradas

PUNTO MÁS ALTO
Monte McKinley en Alaska: 20,320 pies
sobre el nivel del mar

PUNTO MÁS BAJO
Death Valley en California:
282 pies bajo el nivel del mar

Capitales de los países donde se habla español

País	Capital
Argentina	Buenos Aires
Bolivia	La Paz
Chile	Santiago
Colombia	Bogotá
Costa Rica	San José
Cuba	La Habana
Ecuador	Quito
El Salvador	San Salvador
España	Madrid
Guatemala	Guatemala
Honduras	Tegucigalpa
México	México, D.F.
Nicaragua	Managua
Panamá	Panamá
Paraguay	Asunción
Perú	Lima
Rep. Dominicana	Santo Domingo
Uruguay	Montevideo
Venezuela	Caracas

Datos sobre el mundo

PAÍS MÁS GRANDE

Rusia: 6,592,849 millas cuadradas

PAÍS MÁS PEQUEÑO

Ciudad del Vaticano: 0.2 millas cuadradas

CIUDAD MÁS GRANDE

Ciudad de México: 18,000,000 habitantes

RÍO MÁS LARGO

Río Nilo en África: 4,154 millas de longitud

LAGO MÁS GRANDE (de agua dulce)

Lago Superior en los Estados Unidos:
31,820 millas cuadradas

LUGAR MÁS SECO

Desierto de Atacama en Chile: en ciertas
zonas no ha llovido desde hace 400 años.

PUNTO MÁS ALTO

Monte Everest en China y Nepal:
29,029 pies sobre el nivel del mar

PUNTO MÁS BAJO

Mar Muerto en Israel y Jordania:
1,339 pies bajo el nivel del mar

Matemáticas

Aunque no lo creas, todos los días usas
las matemáticas. Sumas y restas números,
cuentas dinero y das la hora. También mides
cosas y haces muchas otras cosas más.

Suma, mide, da la hora...

Este capítulo te ayudará a mejorar en
matemáticas. La primera parte te enseña a
resolver problemas. En la segunda parte
encontrarás tablas y gráficas muy útiles.

Problemas

Los problemas son como un cuentito. Pero no tienen final. Tú escribes el final, ¡cuando resuelves el problema!

Ejemplo de problema

María tiene 2 bolsas de galletas. En cada bolsa hay 3 galletas.
El hermano de María le da otra bolsa que tiene 3 galletas adentro. ¿Cuántas galletas tiene María en total?

Diviértete

Es divertido resolver problemas, ¡si sabes hacerlo! En las siguientes dos páginas te enseñaremos a resolver problemas.

Resuelve problemas

1 **Lee bien el problema.** Busca palabras importantes como *cuántos* y *en total*.

> **¿Cuántas galletas tiene María en total?**

- Si no entiendes alguna parte del problema, pide ayuda.

2 **Decide qué debes hacer.**

- ¿Debes sumar o restar números?

- ¿O debes hacer dos cosas? Tal vez primero debes sumar y luego restar.

3 **Haz el problema.** Decide cómo resolver el problema. Puedes hacer dibujos, usar fichas para contar o escribir una operación matemática.

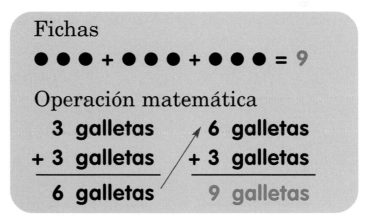

Fichas

● ● ● + ● ● ● + ● ● ● = 9

Operación matemática

3 galletas	6 galletas
+ 3 galletas	+ 3 galletas
6 galletas	9 galletas

4 **Comprueba el resultado.** Empieza con tu resultado y da marcha atrás.

9 galletas	6 galletas
- 3 galletas	- 3 galletas
6 galletas	3 galletas

● O resuelve el problema de otra manera. Debes sacar el mismo resultado.

310

Tablas y gráficas

Operaciones de suma

Escoge un número de la columna de la izquierda $\left(4\right)$. Escoge un número de la fila de la parte de arriba $\left(7\right)$. Encuentra el resultado donde se cruzan la columna y la fila $\left(4\right) + \left(7\right) = \left(11\right)$.

+	1	2	3	4	5	6	7	8	9	10
1	2	3	4	5	6	7	8	9	10	11
2	3	4	5	6	7	8	9	10	11	12
3	4	5	6	7	8	9	10	11	12	13
4	5	6	7	8	9	10	11	12	13	14
5	6	7	8	9	10	11	12	13	14	15
6	7	8	9	10	11	12	13	14	15	16
7	8	9	10	11	12	13	14	15	16	17
8	9	10	11	12	13	14	15	16	17	18
9	10	11	12	13	14	15	16	17	18	19
10	11	12	13	14	15	16	17	18	19	20

Conteo salteado

De 2 en 2	2	4	6	8	10	12	14	16
De 3 en 3	3	6	9	12	15	18	21	24
De 4 en 4	4	8	12	16	20	24	28	32
De 5 en 5	5	10	15	20	25	30	35	40

Tabla de valores relativos

Mira los valores relativos de 3,752:

3	**,**	**7**	**5**	**2**
millares	,	centenas	decenas	unidades

3 en el lugar de los millares es **3,000**

7 en el lugar de las centenas es **700**

5 en el lugar de las decenas es **50**

2 en el lugar de las unidades es **2**

Este número de cuatro cifras se lee así:
tres mil setecientos cincuenta y dos.

Fracciones

Una **fracción** es una parte de algo. Una fracción tiene un número arriba y un número abajo, así:

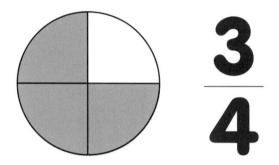

¡Lee fracciones!

El número de abajo (4) te dice que el círculo está dividido en cuatro partes iguales. El número de arriba (3) te dice que se nombran tres de las partes. Lees 3/4 como **tres cuartos**.

Otros ejemplos

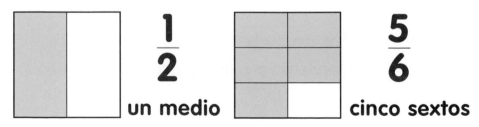

$\frac{1}{2}$ **un medio**

$\frac{5}{6}$ **cinco sextos**

Cuenta el dinero

 =

un dólar = cuatro monedas de 25 centavos

una moneda de 25 = dos de 10 + una de 5

una moneda de 10 centavos = dos de 5

 =

una moneda de 5 centavos = cinco de 1

¿Cuánto dinero hay?

Si contaras todo el dinero que se ve arriba, tendrías dos dólares y ochenta centavos. Eso se escribe así: $2.80.

314

¿Qué hora es?

horario

minutero

una hora = 60 minutos
media hora = 30 minutos

2:00

Cuando el minutero (la manecilla más larga) marca 12, escribes 00 para los minutos.

3:25

Cuando el minutero está en un número, cuenta de 5 en 5 desde el 12 para decir la hora. (5, 10, 15, 20, **25**)

3:26

Cuando el minutero está entre dos números, cuenta de 5 en 5 desde el 12. Luego, suma los minutos que hay después del último número para encontrar la hora correcta. (25 + 1 = **26**)

Mejora tu caligrafía

    ¿Escribes con letra normal o en cursiva? En este capítulo encontrarás tablas para ambos tipos de letra. La lista de control y los consejos de la última página te ayudarán a mejorar tu caligrafía.

letra normal

Mi nombre es Lupe.

letra en cursiva

Mi nombre es Lupe.

Alfabeto normal

A B C D E
F G H I J K
L M N Ñ O P
Q R S T U
V W X Y Z

a b c d e f g
h i j k l m n
ñ o p q r s t
u v w x y z

Alfabeto de letras cursivas

A B C D E
F G H I J K
L M N Ñ O P
Q R S T U
V W X Y Z

a b c d e f
g h i j k l
m n ñ o p q
r s t u v
w x y z

IDEAS para la caligrafía

SIÉNTATE derecho cuando escribas.

AGARRA el lápiz cómodamente; no lo aprietes demasiado.

USA tu mejor caligrafía para escribir la copia final de tus escritos.

Lista de control para la caligrafía

✔ ¿Están bien formadas las letras?

✔ ¿Se inclinan todas las letras en la misma dirección?

✔ ¿Dejé suficiente espacio entre las palabras?

✔ ¿Me gusta cómo quedó mi caligrafía?

Un vistazo a la historia

Cuando los primeros colonizadores llegaron a los Estados Unidos en 1620, había muchas tribus de indígenas norteamericanos. Ellos habían vivido aquí durante cientos de años. Cada tribu tenía un estilo de vida particular, que estaba relacionado con el lugar donde vivía.

Regiones de los indígenas norteamericanos

Costas

Montañas

Praderas

Bosques

Desierto

Historia de los Estados Unidos

1565

Los españoles fundan San Agustín, en Florida, la primera colonia europea en América.

1607

Los ingleses se establecen en Virginia.

1620

Los primeros colonizadores fundan la colonia de Plymouth.

| 1560 | 1600 | 1620 | 1640 | 1660 |

1647

Se establecen las primeras escuelas públicas de EE.UU.

1600

Los españoles fundan escuelas en sus misiones de Florida, Nuevo México y Georgia.

Descubrimientos y vida diaria

Historia de los Estados Unidos

1733

Se fundan las trece colonias americanas británicas.

1731

Benjamin Franklin establece la primera biblioteca.

| 1680 | 1700 | 1710 | 1720 | 1730 |

1704

Se publica en Boston el primer periódico de las colonias británicas.

1690

Se usa el dinero de papel por primera vez.

1726

Se publica el primer diccionario del español.

Descubrimientos y vida diaria

1749

La población de EE.UU. llega a casi 1,000,000.

1776

EE.UU. firma su Declaración de Independencia.

1750

Los primeros colonizadores llegan al oeste en carretas.

| 1740 | 1750 | 1760 | 1770 |

1750

Benjamín Franklin descubre la electricidad.

1742

Benjamin Franklin inventa la estufa Franklin.

Historia de los Estados Unidos

1789

George Washington es elegido como el primer presidente.

1800

Washington, D.C., se convierte en la capital de los EE.UU.

1819

EE.UU. le compra la Florida a España.

| 1780 | 1790 | 1800 | 1810 |

1786

Se funda la primera fábrica de helados de EE.UU.

1808

Se publica en New Orleans el primer periódico en español de EE.UU., *El Mississippi*.

1782

El águila se convierte en el símbolo de los EE.UU.

1814

Francisco López encuentra oro cerca de Los Ángeles.

Descubrimientos y vida diaria

1848

EE.UU. obtiene
California y
Nuevo México.

1836

Texas se separa
de México.

| 1820 | 1830 | 1840 | 1850 |

1836

Morse inventa el telégrafo.

1846

Se presenta el
primer teatro-circo
mexicano en
Monterey,
California.

1847

Se vende el
primer sello
postal de
EE.UU.

1850

Oscar Levi
Straus
produce los
primeros
pantalones
de mezclilla.

Historia de los Estados Unidos

1860

Abraham Lincoln es elegido presidente.

1861

Empieza la Guerra
Civil de los EE.UU.

1862

Abraham Lincoln proclama
la abolición de la esclavitud.

1885

La Estatua de
la Libertad llega
a Nueva York
desde Francia.

1860   1870   1880   1890

1879

Thomas Edison
inventa el foco.

1876

Se inventa
el teléfono.

Descubrimientos y vida diaria

1903

Los hermanos Wright realizan con éxito el primer vuelo en avión.

1917

EE.UU. entra a la primera Guerra Mundial.

1900   1905   1910   1915

1904

Nueva York construye un sistema de metro.

1903

Se juega la primera Serie Mundial.

Historia de los Estados Unidos

1927

Charles Lindbergh vuela solo a través del océano Atlántico.

1920

Las mujeres de EE.UU. consiguen el derecho al voto.

1941

EE.UU. entra a la segunda Guerra Mundial.

| 1920 | 1925 | 1930 | 1935 |

1932

Se fundan las primeras estaciones de radio en español.

1920

Se funda la primera estación de radio.

1929

En Texas, se funda LULAC, la Liga de Ciudadanos Latinoamericanos Unidos.

Descubrimientos y vida diaria